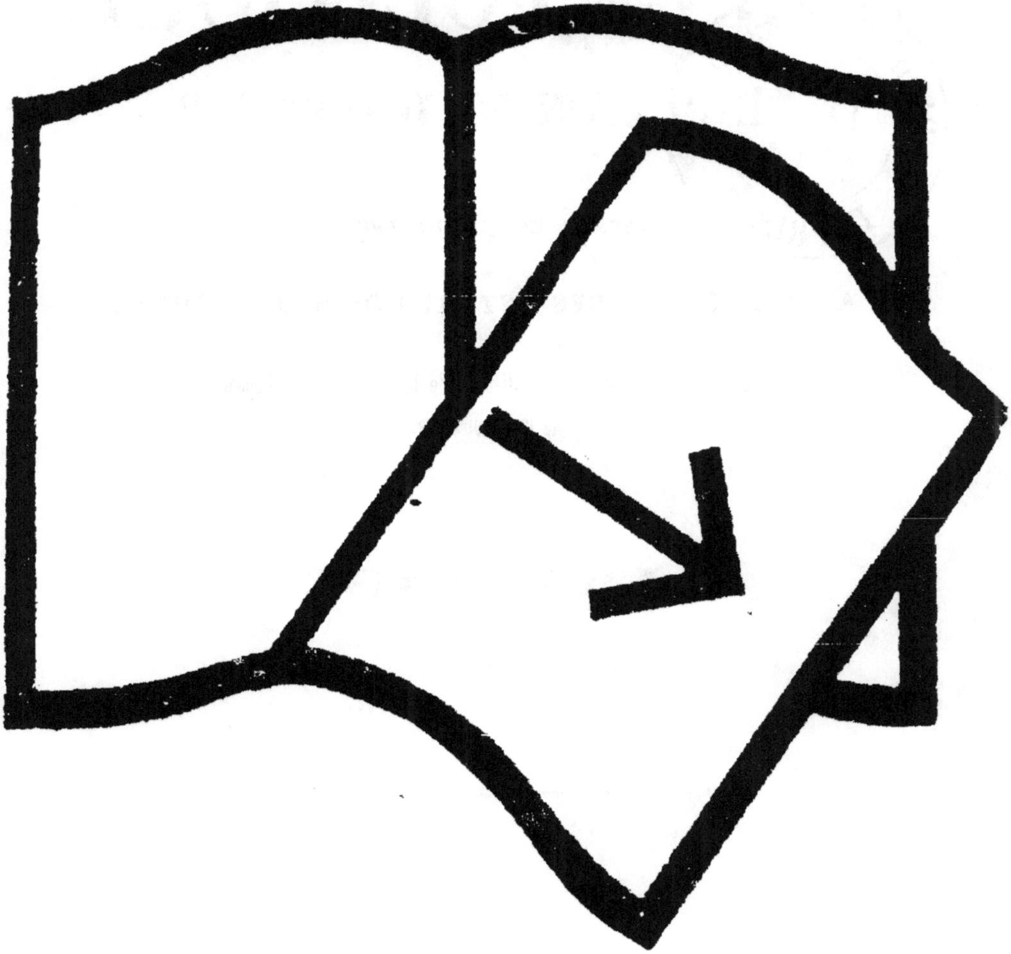

Couvertures supérieure et inférieure manquantes

IDÉES

SUR LA POLITIQUE

DE PLATON ET D'ARISTOTE

EXPOSÉES EN QUATRE LEÇONS

A LA FACULTÉ DES LETTRES DE STRASBOURG,

Suivies d'un Discours sur l'Histoire de la Philosophie à l'époque de la Renaissance,

PAR

J. FERRARI.

PARIS

CAPELLE, LIBRAIRE-ÉDITEUR,

RUE DES GRÈS-SORBONNE, 5, PRÈS L'ÉCOLE DE DROIT.

1842.

PRÉFACE.

Ce n'est pas sans répugnance que je livre au public mes quatre dernières leçons à la Faculté des Lettres de Strasbourg ; je les imprime telles que je les ai improvisées, sans y rien ajouter, sans y rien retrancher. Trois journaux catholiques se sont accordés pour les calomnier, et ont ainsi provoqué la suspension de mon cours, je dois donc présenter ces leçons comme les pièces d'un procès. Ma cause n'est pas encore jugée. Quelle que soit la décision de M. le ministre de l'instruction publique, je dois reconnaître la bienveillance dont il m'a honoré; mais il est clair que, dans une cause qui ne m'appartient pas, le jugement qui sera prononcé donnera la mesure ou de la puissance d'une calomnie ou de la dignité et de la force de l'enseignement universitaire.

J'exposerai rapidement les faits : ainsi, je pourrai me justifier, et, en même temps, cette préface montrera la série des idées qui m'ont conduit à comparer la République de Platon et la Politique d'Aristote. — Le sujet de mon cours était l'histoire de la philosophie à l'époque de la Renaissance. Quels sont les caractères de la Renaissance? Elle présente le désordre de l'innovation, les formes de l'antiquité, les réactions de l'esprit moderne contre les traditions du moyen âge. Pour bien comprendre la Renaissance, il faut donc la mettre en présence de l'antiquité qu'elle reproduit, et de la scolastique qu'elle détruit; il faut montrer les alliés qu'elle va chercher chez les anciens et les ennemis qu'elle remplace chez les modernes. Cela peut se faire de plusieurs manières : la plus simple sera de suivre la double solution expérimentale et rationnelle que reçoivent les problèmes de la science dans les systèmes des anciens et dans la scolastique du moyen âge. Ces solutions sont progressives; plus l'histoire s'avance, plus les systèmes grandissent; chaque époque résume celle qui la précède et y ajoute de nouvelles créations. Mais, à toutes les époques, dans toutes les civilisations, nous trouvons deux traditions, deux écoles hostiles qui traversent les siècles emportées par le mouvement de l'esprit humain, se combattent, se modifient, se transforment sans cesse, sans jamais disparaître complètement. C'est que l'homme est double, et, aussitôt qu'il pense, il rencontre deux éléments, l'esprit et la matière, Dieu et la nature; or, l'esprit humain, porté par son irrésistible tendance à tout simplifier, s'efforce toujours de tout réduire à un seul principe : s'il accepte la matière, il ne sait plus comprendre l'esprit; s'il accepte l'esprit, il ne sait plus expliquer la matière. De là les deux grandes écoles de Descartes et de Bacon chez les modernes, d'Aristote et de Platon chez les anciens, des nominalistes et des réalistes au moyen âge. Le besoin de simplifier et d'exclure la contradiction, venant d'un principe étranger, propose toujours l'alternative des deux écoles; le grand œuvre de la science consiste à trouver le milieu. C'est là la tâche de Leibnitz et de Kant : l'un concilie, l'autre exclut les deux extrêmes : celui qui en trouvera le lien aura trouvé le terme d'une erreur infinie : *Infiniti erroris finis et terminus.*

Ces considérations déterminèrent le plan de mon introduction à l'histoire des systèmes de la Renaissance, la seule partie de mon cours qu'il me fut permis de professer à Strasbourg. Il y a quatre parties dans la philosophie : la logique, la métaphysique, la science sociale et la physique; toutes présentent, soit chez les anciens, soit au moyen âge, la double tendance de l'esprit humain. A la vérité, la logique ne se ressent pas beaucoup de cette dualité; il y a des philosophes, comme Épicure, qui abolissent le raisonnement en se bornant à la description; il y a des rationalistes qui semblent oublier les sens et vouloir créer la nature *a priori*. Mais, en général, la logique est supérieure à l'agitation des luttes philosophiques, et le spectacle le plus intéressant qu'elle offre dans l'histoire, c'est celui de la formation lente et progressive de ses formules abstraites. Les philosophes anciens se présentent armés chacun d'une forme particulière de raisonnement qui sort de la nature de leur système et sert à le défendre. Zénon fait usage du dilemme, Socrate de l'interrogation, Platon de la division; viennent ensuite le syllogisme d'Aristote, le sorite des stoïciens, qui résument les formes antécédentes. Au moyen âge, le syllogisme s'alourdit pour protéger de sa pesanteur scolastique la pensée philosophique, pour la déduire solennellement de la religion au milieu d'une barbarie essentiellement symbolique. Plus tard, quand la science veut se rendre indépendante des croyances, le goût classique et la force des langues modernes abolissent naturellement les formes scolastiques, ou plutôt les dissimulent, et la langue des philosophes s'approche de la langue du peuple. — Si une même logique semble se prêter à tous les systèmes, la double tendance de la raison humaine éclate avec toute sa grandeur dans la philosophie proprement dite, et se trouve nettement représentée par les deux écoles des réalistes et des nominalistes. Platon est à la tête des premiers; sa théorie des idées, ses archétypes éternels, ont tellement pénétré dans la philosophie spiritualiste, que, depuis vingt siècles, elle a toujours fait descendre le monde matériel du monde intelligible, des substances éternelles. Aristote a fondé le nominalisme dans sa métaphysique; le premier il a attaqué ces archétypes éternels qui dédoublaient tous les êtres sans les expliquer; c'est de son système et de sa polémique contre Platon qu'a dû nécessairement relever toute la philosophie expérimentale du moyen âge. Si la solution des problèmes de l'existence, de l'individuation, de la pensée, donne dans l'histoire les deux versions du nominalisme et du réalisme, il est évident que, quand on arrive à Dieu, les deux traditions doivent donner deux théodicées différentes. De là la théodicée d'Aristote, son Dieu relégué hors du monde sublunaire, servant d'attraction universelle à tout ce qui devient placé au-delà de la sphère éthérée pour expliquer le mouvement, qu'il produit sans sortir de son inaltérable immobilité, et dominant l'univers comme la fatalité de la tragédie ancienne. De là aussi la théodicée de Platon, qui arrive à Dieu par la théorie des idées, qui explique le mal par la chute, et réhabilite l'humanité déchue en l'associant à toute la nature vivante et souffrante, par le triple dogme de la réminiscence, de la préexistence des âmes et de la métempsychose. Les deux théodicées, se modifiant par leur lutte incessante, se reproduisent au sein du christianisme : l'une produit les systèmes de Roscelin, d'Abélard, de Gilbert, de la Porée et de saint Thomas, ou plutôt d'Occam; l'autre passe de l'école d'Alexandrie à Scott Erigène, inspire Guillaume de Champeau, l'école de saint Victor, les scottistes, etc...

L'histoire de la logique, la succession progressive des deux traditions philosophiques dans la théodicée et dans la théorie des idées, ont été le sujet des dix-sept premières leçons à la Faculté de Strasbourg (1). Les systèmes se développaient devant nous les uns après les autres ; nous étions

(1) 1re Leçon, Discours d'ouverture. — 2e, Principes et puissance de la Philosophie de l'histoire. — 3e, de l'Antiquité. — 4e, le Christianisme triomphe et doit triompher de la Philosophie ancienne. — 5e, de la Logique chez les anciens. — 6e, de la Logique

saisis d'admiration pour leurs grandeurs, mais aucun d'eux ne put nous séduire. C'est que, relevant de deux traditions opposées, ils s'entre-détruisaient par leur continuelle polémique. Ainsi, l'histoire critiquait l'histoire, l'erreur dissipait l'erreur; les triomphes de tous les systèmes étaient les victoires de la raison humaine. Les idées de Platon ne tiennent pas contre la politique d'Aristote; quand elles se reproduisent, elles triomphent à leur tour du péripatétisme. A Athènes, ce sont des substances éternelles; à Alexandrie, ce sont les pensées de Dieu. Au moyen âge, le système d'Aristote arrive au nominalisme complet de Roscelin et d'Occam; le système de Platon se charge d'appuyer le christianisme; l'erreur est des deux côtés : la raison et la religion sont alarmées de ce double excès; elles sont obligées, tour à tour, de condamner Aristote et de l'absoudre, de condamner le platonisme et de l'invoquer. Mais les deux antithèses inadmissibles se détruisent au grand jour de l'histoire et réclament, à chaque époque, une

au moyen âge. — 7e, Continuation. — 8e, Réalisme de Platon. — 9e, Portée dogmatique de la théorie des idées. — 10e, Nominalisme d'Aristote. — 11e, Continuation. — 12e, les deux Théodicées d'Aristote et de Platon. — 13e, Continuation. — 14e, du Réalisme et du Nominalisme chez les anciens. — 15e, de la Philosophie au moyen âge. — 16e, Continuation. — 17e, Réalisme et Nominalisme au moyen âge. — 18e, Continuation.

troisième idée qui sache les concilier, ou un troisième système qui sache les exclure.

La lutte de l'expérience et de la raison se reproduit dans les sciences pratiques; après l'avoir suivie dans les parties les plus élevées de la philosophie, il fallait descendre sur le terrain de la morale, de la politique et du droit. Là se rencontre encore la grande dualité d'Aristote et de Platon, là se trouvent en présence la *République* du premier et les *Politiques* du second; les utopistes du moyen âge, je veux dire les millénaires, et les politiques qui commentent le Stagirite ou défendent la féodalité. Les deux systèmes sont exclusifs : l'un ne considère que l'esprit, il est près d'oublier la matière; l'autre, au contraire, ne considère que les faits, la matière, il est près d'oublier l'esprit. Si l'un est une révolte de l'homme contre la nature, l'autre est une révolte de la nature contre l'homme, et va jusqu'à sanctifier l'esclavage et le féodalisme. Ici le devoir de l'historien était d'exposer rapidement les deux traditions, de les réfuter l'une par l'autre, d'en montrer les modifications progressives, enfin de chercher le troisième terme, le milieu, qui, *cette fois, était le fait même de l'histoire*, et qui exclut la double erreur d'une immobilité absurde, et d'un avenir impossible. Voilà le sujet de mes quatre dernières leçons; je me proposais ensuite de montrer la lutte des deux physiques rationnelle et descriptive, qui commence avec Platon et Aristote et se propage à travers le moyen âge. Par cette introduction je voulais aborder l'histoire de la Renaissance, et suivre dans les systèmes des seizième et dix-septième siècles toutes les phases de cette révolution que la méthode cartésienne a fixée et régularisée.

Ce fut ce cours si simple, si parfaitement inoffensif et si rigoureusement universitaire, qui provoqua en sept jours l'ordre de ma suspension. Le 28 janvier, *l'Alsace* faisait paraître ce postscriptum que tout le monde a lu dans les *Débats* : « Hier, jeudi,
« à deux heures, devait avoir lieu, à la Faculté des
« Lettres, une conférence philosophique tenue par
« M. le professeur Ferrari. Un grand nombre de
« personnes, parmi lesquelles nous avons remarqué
« des fonctionnaires publics, des professeurs, des
« pères de famille et d'honorables magistrats, s'é-
« taient réunis à l'heure indiquée avec l'intention
« très-arrêtée de protester hautement contre *un en-*
« *seignement si pernicieux* pour la jeunesse. » A Paris, *l'Univers* (22 janvier), disait que je répandais *des germes de mort* dans le Bas-Rhin, que j'allais *implanter le matérialisme* dans l'Académie de Strasbourg. *L'Alsace*, *l'Univers*, *l'Union catholique* fai-

saient paraître presque à la même heure (28-29 janvier), ma prétendue leçon du 21 janvier, où, en spiritualiste, je prêchais *la communauté des femmes, celle des biens, et le renversement de tout gouvernement politique.* On promettait une seconde leçon *dix fois plus virulente* que la première; *l'Union catholique* me signalait à la vindicte publique; *l'Univers* me dénonçait à la France; dans les bureaux de *l'Alsace* on parlait d'un soulèvement probable de tous les pères de famille, fonctionnaires et magistrats alsaciens.

En sept jours j'étais accusé de matérialisme, de spiritualisme, de communisme, d'impiété; on disait que je provoquais les émeutes; les journaux catholiques demandaient à grands cris la suppression de mon cours. L'ordre de suspension est arrivé à poste courante, à l'instant où tout le monde était indigné de cette odieuse conspiration contre l'opinion publique.

Les journaux ont déjà flétri cette persécution dont le but réel n'était que d'éloigner un suppléant laïque de la chaire de M. l'abbé Bautain : si maintenant je relève les attaques, ce n'est que pour dénombrer les pieux mensonges que l'on a publiés dans les trois feuilles de *l'Alsace*, de *l'Univers* et de *l'Union catholique.* — Je ne suis ni matérialiste, comme le disait *l'Univers* dans son numéro du 22 janvier, ni spiritualiste exalté comme il le disait le 29 janvier avec un redoublement d'injures. Voilà deux calomnies qui se détruisent l'une par l'autre. Quant à la leçon du 21 janvier, imprimée par les trois feuilles, c'est une troisième calomnie contraire à mes antécédents littéraires, à mon enseignement, et contraire au témoignage de la majorité de mes auditeurs catholiques et protestants, qui, en temps et lieu, seront prêts à déposer sur la foi de leur signature contre l'auteur de la diffamation. La leçon du 24 janvier, que l'on avait promise comme le corps d'un délit politique, n'était qu'un exposé des premiers livres de la République de Platon : cette fois l'ignorance avait trompé la perfidie des dénonciateurs, et cette terrible leçon n'a pas encore paru. Les feuilles catholiques, à les entendre, tenaient mes leçons d'un *vénérable personnage ;* à mon avant-dernière séance on a pu remarquer ce *vénérable personnage :* c'était un étudiant en droit, M. de Humbourg, et l'indignation des étudiants était telle que la foule faisait cercle autour de lui pour éviter le contact de sa personne. Reste le dernier fait de la protestation des magistrats et des pères de famille contre *mon enseignement corrupteur.* J'ai fait bien des recherches, j'ai interrogé les employés de l'Académie, plusieurs personnes de l'établissement, jamais je n'ai pu découvrir ce rassemblement de magistrats et de professeurs, qui était allé à l'Académie dans l'intention *bien arrêtée* de faire du scandale à ma conférence. Enfin, par un véritable hasard, on a pu m'assurer qu'un huissier, un étudiant en droit et quelques séminaristes, jeudi (27 janvier), à deux heures, voyant que la conférence était suspendue (1), se sont chargés de représenter la magistrature, le haut clergé et les pères de famille du département. Il est possible qu'ils aient causé de mon enseignement corrupteur ; le fait est qu'ils sont allés en masse, au nombre de six (sauf erreur), chez M. le rédacteur en chef de *l'Alsace*, lequel a cru, sur leur parole, que toute la province s'insurgeait contre mon histoire de la Renaissance. Mais, jamais à mes leçons, je n'ai entendu le moindre murmure de désapprobation ; jamais je n'y ai vu le moindre désordre, si on excepte des applaudissements, espèce de désordre pour lequel MM. les professeurs ont beaucoup d'indulgence, mais qui cependant cessait à ma prière. Ainsi le matérialisme, le communisme, le spiritualisme,

(1) La conférence depuis un an n'est plus un devoir du professeur : je l'ai ouverte de ma propre autorité ; et d'après un conseil de M. le Recteur je l'ai *ajournée* de ma propre autorité, par quelques mots écrits de ma main.

l'émeute des magistrats, l'irritation des pères de famille, tout cela ressemble fort à une invention de MM. les rédacteurs de *l'Univers*, de *l'Union Catholique* et de *l'Alsace*, ou de leurs correspondants. On a su depuis qu'ils avaient assiégé le ministère, l'évêché, et même la préfecture de Strasbourg, par des rapports absurdes contre mes doctrines; de Paris même, on avait sollicité un haut personnage de la ville pour le décider à porter plainte contre moi. Mais, comme il était naturel, ni le préfet, ni le maire, ni l'évêque, ni aucun des chefs du parti protestant, n'ont jamais témoigné le moindre mécontentement; je ne recevais que des témoignages de sympathie. Il est inutile de dire qu'aucune plainte officielle n'est jamais arrivée jusqu'à moi. En attendant, les *vénérables correspondants* entreprenaient toutes sortes de manœuvres occultes pour persuader au ministère que je blessais *les personnes de toutes les communions.* Voyant qu'ils ne pouvaient pas réussir, ils ont inventé mon communisme, mon matérialime, l'émeute; rien n'a été oublié; et à un signal donné ils ont surpris le ministère par les dénonciations combinées de leurs gazettes. Maintenant, on le voit, les accusations inventées à Strasbourg n'étaient que le coup d'essai de cette réaction d'ultra-catholiques, qui renouvelle à chaque jour une guerre de calomnies personnelles à Lyon, à Nancy, à Toulouse, partout où il y a un homme de cœur à persécuter.

Le *Journal des Débats*, dans son numéro du 14 février, parle en ces termes de la suppression de mon cours : « C'est d'après le rapport du rec« teur, qui, tout en *atténuant les torts* de M. Fer« rari, montrait cependant que son enseignement « n'avait ni la *sûreté* ni la *prudence* nécessaires « à un cours public ; c'est d'après ce rapport que « le ministre a cru devoir suspendre le cours de « M. Ferrari. Ce professeur était chargé du cours « de philosophie à la Faculté des Lettres de Stras« bourg, depuis le commencement de l'année seule« ment. Il n'avait pas encore l'expérience de l'en« seignement, et les fautes *qu'il a pu commettre* « seront examinées par le ministre de l'instruction « publique. » Quand on a le malheur d'avoir été calomnié, il en reste toujours quelque chose, des torts indéfinissables, des fautes que l'on a pu commettre, et qui peuvent justifier une demi-condamnation dans l'opinion publique. MM. les rédacteurs des *Débats* voudront bien me permettre de présenter ici quelques rectifications.

L'ordre qui a suspendu mon cours a été expédié le jour même où paraissait, à Paris, ma prétendue leçon du 21 janvier. La leçon était si odieuse, les manœuvres si bien dirigées, le coup si inouï, qu'il devait surprendre, ne fût-ce que par sa nouveauté. Les rapports de M. le Recteur ont détruit les calomnies des journaux catholiques, et jamais ils ne m'ont accusé ni de matérialisme, ni de spiritualisme, ni de communisme. Il n'y a contre moi qu'un seul grief officiel, c'est d'avoir blessé quelques personnes pieuses par l'imprudence de mon improvisation, et encore a-t-on accusé l'improvisation dans la certitude que l'on ne pouvait attaquer les intentions. Il est évident que l'on ne suspend pas un cours à cause d'imprudence ou d'improvisation, surtout quand le professeur est maître de sa parole, et qu'elle résume le travail de sa vie; d'ailleurs la vague accusation d'imprudence n'est d'aucune valeur, si elle ne peut être précisée par des faits. Or, après toutes sortes d'enquêtes plus ou moins officielles, il résulte que mon imprudence se réduit aux fautes suivantes :

On assure que, dans une phrase incidente de mon discours d'ouverture, j'ai dit que Luther avait *émancipé* quarante millions d'hommes. Deux séminaristes des Vosges se sont crus offensés par une de mes leçons où je montrais la barbarie de la méthode des anciens scolastiques; et je crois qu'un huissier et un étudiant en droit ont été scandalisés par une digression où je faisais l'éloge de Descartes, qu'ils considèrent comme le corrupteur de la science moderne. Voilà le corps du délit ; si (par impossible) ma révocation était prononcée d'après ces accusations, je n'aurais qu'à l'accepter : mais encore, dans l'intérêt de la vérité, je devrais protester contre la phrase que l'on impute à mon discours d'ouverture. Ici je suis ramené à MM. les amis de *l'Univers*. Ils disent que j'ai blessé dès ma première leçon, apparemment par cette phrase. Eh bien ! cette phrase qui, dans leur esprit de mensonge, s'est transformée dans une apologie de Luther, n'a jamais été prononcée, et je puis le prouver par le discours même qui a été lu sur le même manuscrit qui le jour même a été expédié à Paris, où il a été imprimé. Tel est l'esprit de calomnie qui m'a poursuivi en silence dès ma première leçon ; et si on voulait de nouvelles preuves de la haine personnelle qui a dirigé toutes les attaques, on n'aurait qu'à lire les derniers articles de *l'Univers* et de *l'Union Catholique*. Ces feuilles pieuses et timorées ont reconnu, quoique de très-mauvaise grâce, que leurs calomnies étaient fausses ; mais elles redoublent d'invectives et veulent maintenir la suspension qu'elles ont surprise par un mensonge avoué. *L'Union* prodigue des *éloges sans restriction* à M. le ministre parce qu'il a suspendu mon cours; *l'Univers* est sérieusement alarmé par l'article des *Débats* que j'ai rapporté, et il se demande où serait le fruit de la *belle œuvre* qu'il a faite, si j'étais réintégré ?

M. le ministre pensera, j'espère, que maintenir ma disgrâce, ce serait maintenir le succès de la calomnie comme un fait accompli; j'ai pleine confiance dans sa justice et dans ma cause. La liberté de l'enseignement, les traditions de l'Université que je n'ai jamais abandonnées dans mon cours, les sympathies qui m'ont honoré à Strasbourg, les intentions personnelles des accusateurs, leurs intentions générales contre l'enseignement de la France : tels sont les titres au nom desquels je demande l'honneur de retourner à mon poste.

Paris, le 24 février.

mettre parce qu'il a suspendu mon cours; M. Ne-
ment est sérieusement alarmé par l'article des *Débats* que j'ai rapporté, et il se demande où serait le fruit de la belle œuvre qu'il a faite, si j'étais réintégré?

M. le ministre pensera, j'espère, que maintenir ma disgrâce, ce serait maintenir le succès de la calomnie contre un fait accompli; j'ai pleine confiance dans sa justice et dans ma cause. La liberté de l'enseignement, les traditions de l'Université que je n'ai jamais abandonnées dans mon cours, les sympathies qu'ils m'ont témoignées à Strasbourg, les intentions personnelles des accusateurs, leurs intentions générales contre l'enseignement de la France : tels sont les titres au nom desquels je demande l'honneur de retourner à mon poste.

Paris, le 23 janvier

AVERTISSEMENT.

L'authenticité des quatres leçons est prouvée d'un côté par les comptes rendus du *Courrier du Bas-Rhin*; de l'autre par mon ouvrage sur *Vico*, par le Plan exposé dans la préface et par le Discours d'ouverture qu'on peut lire à la fin de cette brochure. Il va sans dire que dans cette rédaction de mes idées sur les deux politiques, je n'ai pas poussé le scrupule jusqu'à conserver les redites, les résumés des leçons antécédentes, et ces explications purement verbales, qui sont inséparables de l'improvisation, mais qui ne doivent pas figurer dans un écrit.

IDÉES
SUR LA POLITIQUE
DE PLATON ET D'ARISTOTE.

PREMIÈRE LEÇON.

21 Janvier 1842.

Les Antithèses Politiques.

Messieurs,

L'homme est double; l'ontologie nous dit qu'il réunit la matière et l'esprit; la psycologie nous montre qu'il présente les deux phénomènes de la sensation et de la pensée. La sensation donne la jouissance et la souffrance, provoque les sentiments, les passions, c'est la matière première sur laquelle se déploie l'activité humaine. La pensée se développe par le jugement et le raisonnement, donne les principes, les propage dans l'histoire, et va se réunir à son tour avec l'activité humaine en la dirigeant. Supprimer un seul des deux éléments c'est détruire la nature de l'homme. Sans les sensations les idées ne peuvent pas se produire, et la pensée reste possible; elle n'est pas encore. Sans la pensée, la sensation ne se connaît pas, et ne peut parvenir à s'affirmer elle-même. D'où il résulte que l'activité humaine combine les résultats de ces deux éléments: mais si l'homme est double, l'humanité sera double; si l'homme obéit à la force d'une double loi, l'histoire sera l'œuvre de cette dualité indivisible qui se trouve dans l'homme. Supprimez-vous la matière, négligez-vous l'élément de la sensibilité? Vous ôtez à l'activité humaine toute la force des intérêts, vous risquez de méconnaître toutes les conditions matérielles imposées par la nature à la société, vous pouvez attaquer la famille, condamner la propriété; et une fois là, vous condamnez le commerce, la guerre, les conquêtes, toutes les conséquences qui sortent de la propriété; vous luttez contre la matière au nom de l'esprit. Négligez au contraire les idées, vous mutilez l'homme d'une autre manière, vous livrez la société aux hasards des intérêts, de la sensibilité, du plaisir, de la douleur, il vous sera difficile d'expliquer l'unité sociale; vous séparez la propriété, la conquête, le commerce, des principes qui les sanctionnent; vous luttez contre l'esprit au nom de la matière. Dans l'histoire il y a donc des idées et des faits, des principes et des phénomènes, des systèmes qui se succèdent, et des intérêts qui les acceptent ou les repoussent. Et puisque l'homme n'est ni pur esprit ni simple matière, l'histoire de l'homme ne doit être ni une histoire naturelle, ni une histoire rationnelle : c'est la réunion des deux histoires, c'est l'œuvre de l'intelligence servie par des organes matériels, c'est la pensée travaillant par la main de l'homme sur le monde de la nature. La conquête en elle-même n'est qu'un fait matériel, mais c'est un progrès aussitôt qu'elle propage une religion ; le commerce à son tour est progrès aussitôt qu'il prépare l'avénement d'un autre système d'idées ; partout la propagation des idées serait impossible si elle ne tenait aux intérêts, et le jeu des intérêts devient inutile dès qu'il ne se rattache plus au progrès des idées.

Les deux éléments de l'esprit et de la matière se présentent dans une opposition continuelle : la matière est divisible, l'esprit est indivisible ; et quand on veut les réunir on cherche vainement un lien entre le divisible et l'indivisible : de là les questions sur le siége de l'âme, sur les rapports entre Dieu et la nature, etc. La matière se divise à l'infini ; c'est la logique qui nous force à accepter cette divisibilité, et si vous l'épuisez jusqu'à l'infini vous faites rentrer la matière dans les points indivisibles, en d'autres termes dans le monde des esprits ; de là la théorie des monades et le panthéisme. La pensée vous conduit à un être infini qui est hors de l'espace, hors du temps, qui exclut toute divisibilité, toute *individuation* : de là encore le panthéisme qui ne laisse plus de place pour le monde matériel. D'un autre côté, les envahissements du matérialisme ne sont pas moins redoutables quoique moins logiques : il part de l'observation des faits, et il réclame le droit de n'accepter que des faits ; suivant lui la raison conduit à l'absurde, et il trouve dans cette absurdité un nouveau motif pour rester dans la sphère des phénomènes. Cette lutte entre la matière et l'esprit se renouvelle sur tous les points de l'activité humaine. Parfois nos désirs se rattachent à des idées infinies, invoquent une religion, condamnent la nature, oublient la société ; d'autres fois nous voyons des hommes qui ne convoitent que le règne de ce monde, s'attachent à la terre, et veulent accomplir dans cette vie tout entière la destinée de l'homme. Mais l'humanité s'avance entre ces deux extrêmes ; ses luttes et ses révolutions sortent de l'antagonisme des deux principes, ses progrès sont des triomphes de l'esprit sur la matière ; cependant elle réunit les deux éléments, elle subit également leur double loi, elle est toujours une réunion d'êtres intelligents servis par des organes matériels.

Lorsque la science veut s'expliquer les phénomènes de la vie politique, elle est portée par sa tendance à ne considérer que l'un des deux éléments. On ne pense qu'en faisant des systèmes : c'est là une fatalité attachée à notre imperfection ; on veut tout simplifier ; la raison ne peut pas souffrir la contradiction, elle veut exclure les antinomies de l'esprit et de la matière, par conséquent elle penche vers l'un ou vers l'autre. Si elle accepte les données de l'expérience, elle arrive à un système essentiellement expérimental ; si elle accepte les données de la pensée, elle arrive à un système entièrement spiritualiste. Comme la philosophie proprement dite, en partant des données de la sensibilité, aboutit au nominalisme, et de là au matérialisme, et prenant son point de départ dans la raison, elle aboutit au contraire au réalisme, et plus tard au panthéisme ; de même les sciences politiques présentent une double tendance, une double tradition, deux grandes écoles, une lutte incessante, le besoin d'une conciliation entre les deux extrêmes de l'activité humaine, c'est-à-dire entre un matérialisme dégradant et un idéal impossible. Or, le point décisif dans ces systèmes, c'est le point de départ : quand les principes sont acceptés, les conséquences sont inévitables. Ainsi, il n'y a point de milieu, point de transaction entre les deux systèmes ; le choix est possible au commencement, la critique peut s'exercer au point de départ, elle peut utiliser dans la suite les vérités qu'ils renferment; mais si elle laisse poser des données incomplètes, les déductions appartiennent à la logique, qui vous conduira nécessairement à l'un des deux extrêmes. Cette impossibilité d'un choix arbitraire, et la difficulté de concilier les deux éléments, ont fait passer les deux traditions opposées, de l'antiquité au moyen âge, et du moyen âge dans les temps modernes : nous appellerons l'une, celle des *politiques*, si vous voulez, l'autre celle des *socialistes ;* mais il est inutile de dire que je prends ces deux mots dans la signification la plus vaste et la plus exagérée. En parlant des politiques, je n'entends désigner que les politiques matérialistes, comme Hobbes et Bentham ; sous la dénomination de socialistes, je ne veux indiquer que les utopistes, comme Platon, les millénaires, Th. Morus et Campanella.

Les premiers considèrent l'homme, la famille, la cité, les nations, les institutions, comme des faits; ils savent les analyser, les combiner, ils savent dénombrer toutes les ressources des gouvernements. Ce sont des observateurs, mais ils n'observent que les phénomènes extérieurs de la nature humaine : ils rencontrent la famille et ils l'acceptent telle qu'ils la trouvent, tantôt avec l'esclavage et avec la servitude de la femme et des enfants, tantôt avec la hiérarchie féodale. Vient ensuite l'égoïsme qui résume la sensibilité; ils l'acceptent comme un fait, comme le fondement naturel de la société. L'égoïsme conduit à la propriété; c'est un autre fait qu'ils admettent tel qu'il se trouve établi dans le patriciat ou dans la hiérarchie féodale. La propriété admise, il faut en régler l'échange et la transmission, il faut la protéger, il faut en évaluer l'influence politique, et alors se présentent les formes de gouvernement, les lois, la justice que nos philosophes considèrent comme une transaction politique entre les membres de la cité. Quels seront les soutiens naturels d'une législation politique? Ce seront les peines, il n'y a que la force qui puisse protéger les intérêts quand on a éliminé un principe supérieur, et si la loi est le résultat d'un calcul des plaisirs et des peines, elle doit combattre le plaisir dangereux par la douleur. On conçoit que l'observateur ne sera jamais en opposition avec les faits, ainsi l'école des politiques dont je parle ne sera jamais en lutte contre les grandes institutions sociales; au contraire, sa tendance sera de les justifier avec trop de facilité. Y a-t-il une lutte entre le système féodal et la liberté commerciale, entre la société païenne et le christianisme? Ce ne sera pas au politique à prendre l'initiative, parce que, là, il s'agit d'idées, de principes. Les matérialistes peuvent exercer une grande critique de destruction, mais ils ne détruisent que sous l'impulsion d'un principe supérieur qui s'est déjà manifesté : les encyclopédistes supposent Descartes. Quand une révolution est commencée, ils peuvent la continuer, la régulariser dans la législation à la manière de Bentham, mais qu'ils le sachent ou qu'ils l'ignorent, ils reçoivent l'impulsion d'un principe préexistant. Enfin le politique matérialiste, en négligeant les idées, s'occupera avant tout des choses, des intérêts, de la vie matérielle, de la guerre, du commerce, des conquêtes, il laissera au second rang l'éducation, les arts, les sciences et les découvertes qui contribuent à leur progrès : le génie ne trouve pas de place dans le système d'Hobbes; il est considéré comme un capital dans celui de Bentham. La tendance des politiques matérialistes sera de mettre le succès avant les principes, la matière avant l'esprit. Ils se fondent sur un élément vrai; c'est ce qui fait leur force; pour tout simplifier, ils suppriment, ils faussent l'autre élément; c'est ce qui fait leur faiblesse. Et comme la destinée de l'homme ne peut être complète que par l'élément impérissable de la pensée, comme la pensée peut seule concevoir et atteindre la perfection, il arrive que si le politique est entièrement matérialiste, disciple de Machiavel, il condamnera l'humanité à des vicissitudes sans but et sans fin; s'il ne reste dans la sphère des intérêts que par la nécessité de faire une science spéciale de la société; alors vous aurez Montesquieu qui analysera encore la religion dans ses rapports avec le gouvernement, vous laissant à la merci de ces mêmes croyances qu'il ne veut pas accepter.

C'est tout le contraire dans l'école des utopistes : ils croient aux prétentions infinies de la raison, et ils doivent faire rentrer le réel dans l'idéal, les faits dans les principes ; ils doivent combattre à la fois contre la nature et contre la société, contre le passé et contre le présent, car à toutes les époques l'histoire réunit les deux éléments et résulte de la lutte de deux forces opposées. Parlent-ils de la justice ? Pour eux ce sera une loi rationnelle : au lieu de sortir des intérêts, elle les combattra ; ils opposeront la jurisprudence des philosophes à celle des nations ; un droit idéal au droit positif. S'il s'agit du bien-être, ils ne le livreront pas aux intérêts privés, ils chercheront un bonheur essentiellement social, qui finira par n'être qu'une pure abstraction séparée de toute jouissance individuelle. Mais les intérêts individuels s'insurgeront contre cette abstraction, aussi le socialiste sera-t-il forcé de les combattre ; l'amour-propre pour les politiques est le mobile de toutes les actions, pour l'utopiste, c'est la source de tous les désordres. L'intérêt privé se fortifie par la famille : par conséquent, l'utopiste doit détruire la famille pour absorber toutes les individualités dans l'unité indivisible de l'état. La propriété est la double conséquence de l'amour de soi et de la famille ; et, par une nouvelle conséquence, le socialiste doit l'abolir puisqu'il a supprimé la famille, et presque toutes les conditions de la vie matérielle. De quoi s'occupera-t-il donc s'il néglige tous les faits que lui présente la nature dans la société ? Si le monde matériel disparaît, reste l'esprit ; il s'occupera des idées, du génie, des capacités, de la science et des arts ; sa politique sera un traité d'éducation, ses lois seront des lois morales. Il n'a plus devant lui ni propriétés, ni familles, ni riches, ni pauvres, il n'a plus devant lui que des personnalités abstraites ; il établira donc des lois morales, des magistratures morales, et les institutions humaines n'auront bientôt plus rien de commun avec cette société idéale. Il est évident que le commerce sera supprimé avec la propriété et la famille, que la conquête sera abolie avec la domination de la force, que la guerre se bornera à la défense, qu'enfin elle sera supprimée à son tour comme un désordre des sociétés corrompues, si la république idéale embrasse le genre humain.

Telles sont les conséquences des deux tendances opposées de la nature humaine ; dans la philosophie pure elles sont représentées par le réalisme et le nominalisme, dans la politique elles produisent les utopies et les politiques matérialistes : le réalisme conduit aux premières par l'abstraction réalisée d'une fausse unité sociale, le nominalisme conduit aux secondes par ses tendances sensualistes. D'un côté vous avez le dévouement absolu, de l'autre c'est l'amour de soi qui domine sans partage; d'un côté vous avez la famille et la propriété, de l'autre la communauté des biens et des femmes; d'un côté la prépondérance de la force, de l'autre celle des idées. Les deux écoles sont d'accord avec leurs principes respectifs. L'une observe, et condamne tout ce qui n'est pas observable; l'autre pense, et se révolte contre ce qui peut gêner le progrès indéfini de la pensée. D'un autre côté, quand elles se trouvent en présence l'une de l'autre elles ne sauraient pas transiger : les politiques devront considérer les utopistes comme des visionnaires, et pour ceux-ci les politiques seront des hommes corrompus : si l'une des deux écoles transigeait avec l'autre, elle serait détruite par l'admission de l'élément contraire qui la contredirait dans toutes ses conséquences systématiques. Il est permis à quelques philosophes d'être inconséquents, mais les écoles savent aller jusqu'au bout de leurs principes.

Les deux traditions se trouvent nettement formulées dans l'antiquité, au moyen âge, à l'époque de la renaissance et chez les modernes. Dans l'antiquité elles sont représentées d'une manière complète dans les deux grands systèmes de Platon et d'Aristote; la République de Platon est liée à sa théorie des idées, les Politiques d'Aristote se rattachent aisément à sa Morale et à sa Métaphysique. La philosophie Chrétienne se ressent de la présence des deux traditions : à part le combat des Néoplatoniciens et des Péripatéticiens dans la scolastique, les politiques matérialistes et les utopistes ne manquent pas au moyen âge. Combien de scolastiques n'ont-ils accepté le servage et le principe féodal? D'un autre côté, les disciples d'Amaury, l'abbé Joachim, frère Jean de Parme, et d'autres qui prêchaient l'Évangile éternel ; les Millénaires, qui attendaient le règne du Christ sur la terre, ou annonçaient le règne du Saint-Esprit, après le règne du Père et du Fils ; n'étaient-ils pas autant d'utopistes, qui dans un siècle éminemment religieux, espéraient réaliser leurs projets par des miracles ? En général, le mysticisme est bien près de l'utopie. Les mystiques condamnent la nature, ils combattent la sensibilité, ils renoncent à ce monde ; mais dès qu'ils veulent bien s'en occuper un peu, ils se trouvent en opposition avec la société. Or les mystiques sont nombreux au moyen âge ; ils sont constitués en ordres religieux, ils renoncent à la famille, à la propriété, je dirais presqu'à la personnalité ; et il est clair que, par exemple, les Franciscains dans leur abnégation absolue se trouvent bien près de réaliser la république des utopies religieuses. Au reste, les deux écoles se présentent à toutes les occasions, sous tous les prétextes, à toutes les époques. Aux temps du triomphe de l'empire et de la papauté, la scolastique offre les deux systèmes opposés de la communauté théocratique et de la propriété féodale. L'église elle-même vous offre la hiérarchie et les ordres religieux, c'est-à-dire l'autorité et la communauté. Si du moyen âge vous passez à la renaissance, les systèmes de l'antiquité réunis aux idées nouvelles produisent Machiavel et Campanella, qui continuent les deux traditions : l'un résume l'expérience politique des républiques italiennes, l'autre rêve un avenir impossible. Chez les modernes, on retrouve encore la même opposition entre ces deux écoles : d'une part vous avez une foule de matérialistes depuis Hobbes jusqu'à Bentham; de l'autre des mystiques, des illuminés, que sais-je? toute sorte d'utopistes plus ou moins éclairés, continuateurs plus ou moins inconséquents des théories de Platon sur la communauté des biens et des femmes (1).

Nous avons examiné dans la logique, la métaphysique, la théodicée, les deux traditions expérimentale et rationnelle qui se propagent depuis l'antiquité jusqu'à la renaissance. Pour achever notre introduction nous n'avons qu'à exposer brièvement les deux politiques d'Aristote et de Platon, et à en suivre l'histoire dans le moyen-âge. Vous avez saisi l'opposition des deux grands philosophes dans toutes les parties de

(1) Ajouté : — Je ne sache pas que les Phalanstériens, les Saint-Simoniens, les Communistes soient de spiritualistes exaltés : ainsi je ne puis pas les mettre à la suite de Platon et des Millénaires.

la science ; par l'antithèse des deux politiques, vous verrez qu'ils sont les fondateurs de deux traditions opposées dans la pratique. Platon fait sortir le monde sensible du monde intelligible, il réunit la moralité à l'intelligence, il ne peut pas permettre le triomphe du mal dans l'univers, il faut donc que la destinée de l'homme pour lui s'accomplisse sur la terre ou dans le ciel. Aristote ne cherche pas l'origine de la matière, l'accepte comme une source de réalité et de désordre, et il lui livre la destinée de l'homme. C'est de la région des idées que Platon fait descendre son type idéal de la république ; il proscrit la famille et la propriété, et avec elles l'égoïsme : Aristote considère la société comme une conséquence de la nature, accepte la famille et la propriété, et avec elles l'amour de soi. L'un identifie la politique et la morale, l'autre les sépare. L'un met la société tout entière dans la dépendance de la philosophie, l'autre ne trouve dans la philosophie que la plus sublime des jouissances que puisse donner une société bien constituée. Platon condamne le passé et le présent, il ne cesse d'attaquer les mœurs, la religion, les idées de la Grèce. Aristote admet tout, y compris cette religion qu'il méprise, mais qui peut être utile au gouvernement. Aristote est tellement persuadé de la force des lois naturelles, qu'il croit impossible que l'on puisse aller au-delà de ce qu'elles ont déjà produit dans le passé :

Platon se confie tellement dans l'intelligence, qu'il espère produire un avenir impossible, par la force seule de la pensée. Tous deux au reste subissent à leur insu les conditions de la civilisation grecque; tous deux renferment leurs projets dans les limites de la cité grecque; tous deux admettent l'esclavage, dédaignent le commerce, les artisans; et en présence de cette masse d'hommes qu'ils excluent des droits politiques, ils craignent toute espèce d'innovation dans leurs cités imaginaires. Les deux systèmes ne grandiront que lorsque le christianisme embrassera l'humanité, et la soumettra à la science: ce sera au christianisme à accomplir ce qu'il y a de possible dans cette cité idéale imaginée par le génie de Platon (1).

(1) Je reproduis ici l'exposé *succinct et consciencieux* de ma leçon, tel qu'il a paru dans *l'Alsace* (28 janvier), dans *l'Union Catholique*, dans *l'Univers* et dans les *Débats*. Je m'abstiens de toute rectification : il faudrait donner un démenti à chaque phrase de cette odieuse falsification.

« Messieurs, puisque l'homme est double, l'humanité est double aussi. D'un côté vous rencontrez le corps, la matière, la sensation animale et physique; de l'autre vous trouvez l'esprit et la pensée. Ces deux éléments sont en lutte perpétuelle dans l'humanité et servent de base à toutes les révolutions des peuples et des individus.

« Ici vous avez la guerre, l'intérêt, l'égoïsme, la justice légale, la propriété, — là vous avez la justice véritable, le génie, la liberté, le socialisme!

« L'humanité marche fatalement vers l'émancipation de l'intelligence, en traversant des civilisations successives.

« *C'est pourquoi il y a deux grandes écoles de gouvernement, comme il y a deux grandes écoles de philosophie, entre lesquelles tout homme qui veut la science doit nécessairement choisir, car aucun milieu ne peut exister hors de ces deux grands points de vue.*

« Dans l'antiquité, dans le moyen âge, et de nos jours, tous les grands génies se sont divisés en deux camps qui se sont livrés de terribles combats, savoir : 1° celui des politiques ou nominalistes; 2° celui des socialistes ou réalistes.

« 1° Politiques. — Messieurs, — le principe de la politique est l'intérêt, l'égoïsme, l'amour-propre. Pour les politiques donc, la science n'est que la transaction entre les divers égoïsmes.

« *L'amour-propre de la politique pousse nécessairement à la propriété, c'est-à-dire à l'égoïsme matérialisé; et la propriété à son tour, sans compter les injustices et les procès qui en sont les suites inévitables, constitue* LA FAMILLE OU L'ÉGOÏSME INCARNÉ SE PROPAGEANT PAR LA GÉNÉRATION; *car là où il n'y a pas d'héritage à transmettre, la famille devient parfaitement inutile!!*

« Dans la politique les lois sont donc des lois d'intérêt, créées et appliquées par l'égoïsme. Aussi la peine et la douleur sont-elles invoquées pour balancer l'amour-propre, car l'intimidation grossière et brutale est le seul moyen dont les politiques puissent faire usage.

« La politique ne peut pas s'occuper de l'éducation de l'esprit, de l'intelligence et du génie; elle accepte le passé, la routine, les abus, les priviléges, l'inégalité, la propriété; elle repousse tout progrès, toute idée de la perfectibilité humaine et toute pensée d'avenir, — car elle ne sort que de la sensation et ne peut exclure de l'histoire ni le hasard ni la fatalité!

Il y aura donc toujours avec la politique des riches et des pauvres, des nobles et des manants, des maîtres et des serviteurs, des tyrans et des esclaves! (Sensation dans l'auditoire.)

« 2° Socialistes.—Les socialistes au contraire, refusant de faire une *halte dans la boue* avec les politiques, s'élancent vers l'*à-priori*, et veulent faire triompher l'idéal et non l'égoïsme, le général et non le particulier; dans ce but ils attaquent le hasard extérieur et s'efforcent d'éliminer les maladies, les imperfections, et les faiblesses corporelles de l'homme.

« *Le socialiste courageux livre donc une guerre à mort à l'amour-propre et à ses fatales conséquences, c'est-à-dire qu'il proscrit la propriété, source des violences, des chicanes et des injustices, et la famille, foyer de l'égoïsme et de la corruption!*

« *Cette proscription est une conséquence géométrique et inévitable qui se légitime par sa propre nécessité et surtout par ses salutaires conséquences!*

« La justice belle, noble et indépendante, des socialistes doit sortir de l'idée du bien souverain, et les lois de la *république socialiste* seront gravées dans les âmes et sculptées dans les mœurs ; dès lors il n'y aura plus de *code pénal barbare et sanguinaire.* La justice du socialiste ne s'appuie que sur la vertu qui doit triompher par elle-même sans contrainte et sans persécution.

« L'éducation, qui n'est qu'au second rang chez les politiques, marche en première ligne chez les socialistes ; ceux-ci, en effet, fixent leurs regards sur les génies et les capacités, sur la nature et la philosophie, *et remettent le sceptre dans les mains des philosophes.*

« Ainsi donc, Messieurs, ne l'oubliez jamais, les socialistes, par nature, par droit et par devoir, sont et seront toujours en opposition directe et flagrante avec les lois et les institutions de tous les pays.

« Les politiques, au contraire, se vautrent dans la matière, vivent de ses grossières émanations, et ne tiennent aucun compte du génie, de l'idée et de la liberté.

« *Depuis Platon jusqu'à nos jours, cette lutte acharnée des politiques et des socialistes se prolonge à travers les nations, jusqu'à l'époque plus ou moins prochaine, mais néanmoins inévitable, du triomphe complet de la justice et de la pensée sur l'égoïsme et la sensation.*

« Platon réclamait le règne des capacités, la communauté des biens et la communauté des femmes, — et construisait l'inébranlable édifice de sa république (politeia), sur ces trois larges bases.

« Aristote, au contraire, véritable représentant du calcul égoïste et mesquin, voulait la combinaison et la fusion des intérêts, la propriété immobilière et la famille!

« Ces deux hommes célèbres sont les chefs des deux armées qui se disputent le présent et surtout l'avenir, et tous leurs successeurs ne firent qu'arborer leurs drapeaux et se ranger sous leur conduite.

« Le christianisme aussi, comme expression de la raison humaine, bien qu'il offre dans son histoire un caractère prononcé de socialisme, a néanmoins reçu successivement son mot d'ordre et de Platon et d'Aristote. En effet, on le vit d'abord se retirer dans la

Thébaïde, y cultiver le mysticisme, y chercher l'identification spirituelle avec l'absolu, par l'abstinence et les macérations; on le vit donc renoncer entièrement au monde. — Puis on s'étonna de le voir convoiter vivement le gouvernement politique et régner dans la civilisation matérielle. Cependant le christianisme, bien qu'appuyé sur les bases fournies par Aristote, ne laissait pas de défendre les principes socialistes à l'encontre des empereurs d'Allemagne. C'est alors qu'on vit naître ces fameuses querelles entre le pape et les souverains, entre l'esprit et la matière.

« Messieurs,... le christianisme tend à la destruction des nationalités et à leur fusion dans une immense famille; et cette impulsion lui a été donnée par le système platonicien.

« La politique a produit successivement Machiavel, Bentham, Montesquieu et leurs élèves. Le socialisme reconnaît pour ses nobles enfants, Thomas Morus, Saint-Simon, les *communistes*, les phalanstériens et les fouriéristes.

« ... C'est ainsi que les philosophies d'Aristote et de Platon gouvernent le monde par leurs conséquences inévitables. *Toutes les questions philosophiques convergent vers la politique et le socialisme.*

« Aristote, quoique désirant consolider le paganisme, tomba dans un demi-athéisme en reléguant Dieu hors du monde, et le condamnant à l'inaction. Pour lui donc, le hasard est le véritable Dieu de l'histoire.

« Platon, au contraire, adorait une providence, une loi morale, et veut réaliser *le bonheur et le ciel sur terre!*

« Aristote, qui tourne dans un cercle perpétuellement vicieux, s'écrie : « Votre république, votre communauté est impossible! parce qu'elle n'a jamais existé! »

« Platon dit : « La communauté est possible, quoiqu'elle n'ait pas encore paru sur la terre! elle est conforme à l'idéal absolu, et finira par régner triomphalement sur toute la terre » *il réclame donc avec chaleur une grande révolution!* »

C'est M. de Humbourg, étudiant en droit, qui a transmis aux journaux catholiques cette prétendue exposition de mes idées : je le nomme, puisqu'on l'a nommé; tout le monde peut ainsi apprécier quels sont les *honorables correspondants* de *l'Univers* et les *vénérables* personnages dont *l'Union Catholique* ne permet pas qu'on révoque en doute la véracité. Voici d'ailleurs quelques preuves nouvelles au sujet de cette grande autorité qu'on opposait obstinément à mes protestations : 1° le témoignage des auditeurs dont j'ai parlé dans la préface ; 2° le témoignage du *Courrier du Bas-Rhin*, qui a fait rédiger ma leçon par un de mes auditeurs ; 3° l'esprit général de mon enseignement ; 4° un autre témoignage qui donnera une idée encore plus nette de la bonne foi de M. de Humbourg : je cite le fragment d'une lettre que vient de m'écrire un des élèves, M Alfred Schweighaeuser :... « Je n'ai fait aucune mention de l'article du nu-« méro du 28 janvier de *l'Alsace* (l'*exposé consciencieux* de M. de « Humbourg), vous l'avez victorieusement réfuté dans votre lettre du « 30 du même mois ; mais je tiens à cœur de vous montrer toute la « perfidie avec laquelle on vous a répondu. Dans le numéro du « 1er février, M. de H... dit qu'il peut produire plusieurs carnets « de notes prises simultanément pendant les leçons par plusieurs « personnes, lesquels s'accordent ensemble et peuvent se contrôler « naturellement pour preuve de son assertion. Or, je puis vous « affirmer que de tous nos auditeurs il n'y en a, outre M. de H..., « que trois qui aient pris des notes à votre cours du 21 janvier. « Les trois jeunes gens sont mes amis, et leurs carnets ne confirment « certainement pas celui de M. de H... » Et une autre preuve que je puis produire, c'est l'éclatant démenti que l'article a reçu dans la salle de la Faculté, le matin même du 28 janvier, à l'instant même où l'on venait de le publier. Les autorités académiques étaient présentes ; j'ignorais l'article, et, par la simple continuation de la leçon précédente, il se trouvait réfuté aux applaudissements d'une foule indignée contre l'impudence du calomniateur. Il est impossible d'avoir de plus grandes preuves, elles sont légales ; mais je n'en aurais aucune, qu'on pourrait dispenser au professeur de démontrer qu'il n'est pas l'auteur des leçons de M. de Humbourg. Il y a un seul mot de vrai dans son article, et ce mot suffit pour le réfuter complètement. S'il est vrai que j'ai dit que *l'homme est double et l'humanité aussi*, si j'admets les deux éléments, si j'admets la double influence de l'esprit et de la matière, il en résulte qu'on devait nécessairement condamner les deux tendances exclusives, les deux fausses traditions ; il en résulte que, loin de proposer l'alternative entre les deux traditions, je devais en proposer la conciliation ; il en résulte enfin que je ne pouvais accepter ni la propriété exagérée jusqu'à l'esclavage, ni la communauté des biens et des femmes.

DEUXIÈME LEÇON[1].

24 JANVIER 1842.

De la République de Platon.

MESSIEURS,

Les théories politiques de Platon se trouvent résumées dans la République qu'il écrivit vers la fin de sa vie avant les dialogues du Timée, du Parménide et des Lois. Nous essaierons d'en donner une

(1) En publiant ma prétendue leçon du 21 janvier, les journaux catholiques ont promis la leçon suivante qui était, suivant eux, *bien plus virulente*. Voici cette leçon : c'est un abrégé des sept premiers livres de la République; il m'en coûte beaucoup de livrer au public un simple résumé comme celui qu'on va lire; mais la nécessité de me défendre m'excusera, j'espère, auprès de mes lecteurs.

idée en laissant de côté la forme, les interlocuteurs, les admirables épisodes et la disposition poétique de ce chef-d'œuvre de l'art ancien.

L'ouvrage commence par une discussion sur la définition de la justice : là, plusieurs écoles sont en présence : Céphale prétend que la justice est *ce qui rend à chacun ce qui lui est dû*. Cette définition est insuffisante ; d'abord il faut déterminer *ce qui est dû* ; on ne rend que ce qu'il est juste de rendre, de sorte que cette définition en suppose une autre. Ensuite la justice qui se borne à l'honnêteté est une justice négative, qui ne gouverne pas les actions les plus importantes de la vie. Ajoutez que si vous transformez votre définition en disant que la justice consiste à faire du bien aux amis et du mal aux ennemis, d'autres difficultés se présentent, et vous êtes toujours forcé de recourir à une autre définition qui montre que vos amis sont les hommes vertueux, vos ennemis les méchants. Socrate, le premier interlocuteur de la République, détruit la thèse de Céphale ; mais Thrasymaque, le représentant des sophistes, propose une nouvelle définition : selon lui, la justice est *ce qui est avantageux au plus fort*. Sans doute la justice est utile, mais le plus fort, en vous imposant ses lois, peut se tromper sur son propre intérêt, et, dans ce cas, il sera juste d'être injuste. D'ailleurs la justice est un art, et les arts n'ont pas pour but l'intérêt de l'artiste ;

le médecin, en tant que médecin, n'a pour but que la santé du malade. Que si vous absolvez toutes les actions par le succès, si vous voulez vous affranchir du joug de la justice pour ne considérer que ce qui est avantageux, vous tombez dans une nouvelle erreur, car l'utile et le juste sont inséparables, et l'un suppose l'autre. En effet, nul état n'est ni puissant, ni conquérant, et même ne peut être injuste dans sa force, dans ses relations avec les autres états, s'il n'est pas bien constitué, et si les membres qui le composent ne vivent pas entre eux suivant les règles de la justice. De même le juste est puissant, l'homme méchant est faible, car le premier jouit de toutes ses forces, il est maître de toutes les facultés de son âme; le second est livré à l'anarchie des passions, et il est ennemi de lui-même et des Dieux, si les Dieux sont justes. Le sophiste est accablé par la dialectique de Socrate, quand Glaucon vient au secours de Thrasymaque, et cette fois la justice n'est plus attaquée avec de grossiers sophismes, mais par les observations d'un honnête homme qui ne désire qu'en connaître la véritable démonstration. On n'aime pas la justice pour elle-même, dit-il, on la pratique en vue des avantages qu'elle procure; on l'aime comme la médecine, qui est en même temps utile et désagréable. C'est là ce qui est prouvé d'abord par les idées que les hommes s'en forment; ils l'invoquent comme une garantie du faible contre le fort : les hommes ainsi sont justes par pure nécessité, parce qu'il y a des lois, mais ils cessent de l'être aussitôt qu'ils peuvent s'affranchir du joug de la loi. D'un autre côté, il est faux que la justice et le bonheur soient inséparables. Imaginez un homme vertueux, vous pouvez l'entourer de tous les malheurs possibles, sans lui ôter sa vertu ; il pourra marcher à la mort, et il sera en même temps juste et malheureux ; tandis que l'impie, celui qui a violé les lois, commis toute sorte de crimes, pour comble de perfidie, s'il sait cacher tous ses vices sous les apparences de la justice, pourra vivre heureux parmi ses contemporains et les tromper par la fausse renommée de sa vertu. Les deux hypothèses sont possibles, et par conséquent le malheur et la vertu, le bonheur et le vice peuvent se réunir, la vertu et le bonheur peuvent se séparer. Dans la pratique, ce n'est pas par elle-même que la vertu est estimée, c'est pour son utilité. Les pères la recommandent à leurs enfants comme un moyen de parvenir, les prêtres la prêchent à tout le monde comme un moyen de se concilier la faveur des dieux. Puis, on présente la vertu comme difficile à pratiquer, on admire l'injustice couronnée ; on dit que les dieux se plaisent à laisser l'homme vertueux aux prises avec l'adversité, on dit que le vice est facile et séduisant. Mais si cela était vrai il serait permis à l'homme de choisir entre le vice et la vertu, il y aura deux voies pour arriver au bonheur, celle du vice serait la plus facile, il n'y aurait pas à hésiter. Si donc vous voulez condamner le vice, il faudra démontrer la justice par elle-même, et non pas pour les avantages qu'elle procure, ou l'on retombera toujours dans les sophismes de Thrasymaque.

Glaucon a provoqué le génie de Socrate; et, pour répondre, Socrate veut montrer la force de la justice par les grands phénomènes de la vie sociale; par là, il lui sera plus facile de descendre ensuite dans les faits plus obscurs de la vie individuelle. Ici commence la politique de Platon. Socrate dénombre les éléments de la société, les classes de personnes qui la composent. Quand il parle des arts et des plaisirs, il voit naître la guerre avec les passions, et il est bientôt préoccupé de la défense de l'état, il doit parler du guerrier. Suivant Platon, le bon guerrier réunit deux qualités les plus opposées, il est fort à l'extérieur sans être redoutable à l'intérieur; c'est presque là une contradiction, car il est puissant, et cependant il résiste à la tentation du pouvoir. Le guerrier qui sait protéger la république sans l'opprimer, c'est le grand œuvre de l'art politique, et il ne peut s'accomplir que par l'éducation.

L'homme est composé d'âme et de corps; donc l'éducation doit embrasser l'une et l'autre; de là la musique et la gymnastique. Sous le nom de musique, Platon désigne l'harmonie de tous les arts, et, le plus important de tous pour lui, c'est la poésie, c'est-à-dire la religion, car la poésie et la religion étaient réunies dans la Grèce. L'Iliade d'Homère était en même temps la source des traditions poétiques et des traditions sacrées du paganisme. Mais les dieux de la Grèce sont fils d'une imagination corrompue : dans les fables anciennes, ils se livrent des combats et se transforment comme des enchanteurs ; parfois ils exercent une influence malfaisante et irrésistible sur les actions humaines : la première idée de Platon est de délivrer l'esprit du guerrier de ces fables grossières et mensongères. En passant en revue les traditions mythologiques, il rejette ces récits qui donnent une idée odieuse de l'autre vie, ces mythes qui souillent l'Olympe par des obscénités barbares : il veut supprimer toute cette antique poésie qui représente les dieux tantôt livrés à des passions indécentes, tantôt emportés par des fureurs brutales. Quand il parle de la colère, du désespoir et des vengeances héroïques d'Achille, nous soutiendrons, dit-il, que tous ces récits sont faux, et nous ne souffrirons pas qu'on fasse croire à nos guerriers que l'âme d'un héros ait jamais pu réunir tant de grossièreté et tant d'impiété. Platon veut supprimer le paganisme au nom de la morale : et il l'attaque, non-seulement dans l'idée, mais dans la forme, dans les arts, dans tout ce qui en relève directement ou d'une manière indirecte. Il étend la même critique successivement aux divers genres de poésie, au chant, au rhythme, à la peinture, à l'architecture : il détruit toujours, au nom du même principe moral, toutes les productions de l'art grec, il veut préserver le guerrier de toute représentation extérieure qui ne soit pas l'image d'une sagesse impassible, supérieure aux émotions de la sensibilité. La nouvelle musique de Platon est en opposition avec toutes les traditions païennes ; sa gymnastique est en opposition avec les usages, les mœurs et les habitudes de la société grecque, il voudrait ramener ses concitoyens, au moins les guerriers, à cette vie forte et vigoureuse des héros d'Homère. Il ne recule devant aucun détail, il règle les exercices du corps avec la diligence la plus minutieuse : en général, il déplore la faiblesse des générations de son temps; et surtout il attaque ce nouvel art de la médecine qui entretient les maladies, filles de la corruption. Suivant lui, il faut retourner à l'ancienne médecine héroïque qui fortifiait le corps au lieu de prolonger des vies inutiles. Après avoir tracé la double éducation de l'âme et du corps, Platon les réunit : la gymnastique seule conduit à la barbarie, la musique seule à la mollesse ; on doit tempérer l'une par l'autre, c'est ainsi que l'on arrive à la formation du véritable guerrier. Maintenant le guerrier est créé. On peut lui confier la république ; il ne s'agit plus que de le conserver tel qu'il sort des mains du philosophe. A cet effet, il convient de constituer les guerriers en une caste ; en les dépossédant de toute propriété particulière, on les réunit avec des liens indissolubles ; et si on consacre l'existence de la caste par une tradition religieuse, la race sacrée des guerriers ne pourra pas se corrompre par le mélange avec les autres habitants de la république.

La caste des guerriers est l'image vivante de la justice idéale, elle nous ramène au problème de l'union de la vertu et du bonheur : les guerriers seront-ils heureux? Il est certain d'abord qu'ils seront propres à remplir toutes leurs fonctions, qu'entre eux il n'y aura ni luttes ni discussions, car il n'y a ni riches ni pauvres, la propriété est abolie : enfin il est sûr qu'ils ne seront jamais à craindre, car ne pouvant s'emparer de rien, ce ne seront jamais des usurpateurs. Voilà pour l'intérieur. Quant à l'extérieur, il est évident qu'ils ne seront jamais exposés aux guerres d'ambition : s'ils sont attaqués, comme ils ne convoitent pas les richesses des vaincus, comme ils ne voient en elles qu'une source de corruption, ils trouveront partout des alliés, car ils peuvent leur livrer le butin de l'ennemi. D'ailleurs tout état est double ; en effet, tout état où la propriété est admise, est composé de riches et de pauvres, de deux partis qui se combattent continuellement : or notre république trouvera des alliés au sein même des nations qui l'attaquent. Menacée par quelque état puissant, elle s'adressera aux pauvres, leur promettra les richesses des grands, et à l'instant du combat l'assaillant se trouvera déchiré par ses propres forces. Ainsi la vertu, la véritable justice se trouvera toute-puissante au milieu des sociétés corrompues. Continuons : les guerriers ne possèdent rien dans la république de Platon, la propriété est supprimée : dès-lors sont taries toutes les sources des bassesses, des vices, des crimes de la civilisation. Il n'y a plus ni l'insolence des riches, ni la misère des pauvres; il n'y a plus ni procès, ni tribunaux, ni séditions, ni toutes ces révolutions qui agitent les états de la Grèce. Nos législateurs, dit Platon, sont des empiriques, ils traitent nos états corrompus comme nos médecins ignorants traitent les maladies dont ils ne connaissent pas la cause; ils font des lois, les changent, les renouvellent, et les états passent d'agitation en agitation, de révolution en révolution. Les politiques ont beau publier des règlements sur les ventes, les achats, les douanes, sur la richesse, ils ne font qu'entretenir, élever, prolonger la corruption; et quelle que soit la forme que prend cette maladie des sociétés corrompues, elle durera toujours tant qu'on ne supprimera pas la cause de tous les vices, la source de toutes les dissensions, l'injustice sociale; tant qu'on n'administrera pas aux états le véritable remède d'une législation morale. Ce ne sont pas les choses qu'il faut gouverner, ce sont les hommes : ainsi les magistratures de Platon ne sont ni politiques, ni judiciaires, ce sont des magistratures morales : au lieu de s'occuper des biens, elles s'occupent de l'éducation des hommes. Au reste, les magistrats sortent de la caste des guerriers; comme ceux-ci ils n'ont aucun intérêt qui ne soit pas l'intérêt de l'état.

A présent, nous pourrons revenir à la justice, admirons-la dans l'idéal de la société de Platon. Il y a quatre vertus : la prudence, la force, la tempérance, et la justice qui les résume toutes. La prudence est représentée par les magistrats; la force par les guerriers; la tempérance par l'harmonie et la subordination de toutes les classes de l'état, par conséquent la justice la plus parfaite préside à cet état où chaque citoyen n'est adonné qu'à l'emploi auquel il a apporté en naissant le plus de dispositions, où chaque individu remplit le rôle auquel la nature l'a destiné, où les emplois et les magistratures ne sont pas livrées aux accidents des révolutions ou de la richesse. Platon a trouvé dans sa république le type idéal de la justice et de la force : considérons à présent la justice et le bonheur dans l'individu. Dans l'homme il y a trois parties correspondantes aux trois ordres de la république. Il y a la raison qui gouverne, la concupiscence qui désire; l'irascibilité qui inspire le courage et la colère, et peut s'opposer à la raison et au désir. Comme dans l'état, la raison et la colère doivent régir l'homme d'après la double loi sortant de la gymnastique et de la musique; comme dans l'état, la prudence, la force, la tempérance doivent dominer la raison, le désir et l'irascibilité; comme dans l'état, toutes les facultés de l'homme doivent remplir les fonctions auxquelles la nature les a destinées. Telle est l'idée qu'on doit se former de la justice individuelle; vous voyez qu'elle est essentiellement liée au bonheur individuel. Si au contraire l'homme se livre aux passions, l'harmonie de ces facultés sera troublée, elles ne pourront pas fonctionner, et l'homme ne pourra jamais atteindre le but du véritable bonheur. Donc la justice et l'utilité s'identifient dans un seul terme, elles sont réunies dans l'état et dans l'homme, le problème de Platon est résolu.

Nous sommes arrivés au quatrième livre de la République : quelques interlocuteurs forcent Socrate à revenir sur ses principes. Son état se fonde sur la double communauté des biens et des femmes; on veut bien lui accorder la première; mais le moyen d'accorder la communauté des femmes? Et si celle-ci est impossible, la république est détruite dans son unité idéale, la famille conduira à la propriété, et cette démonstration de la justice heureuse sera une chimère : voilà la portée de l'objection : voici la réponse de Socrate. La femme ne diffère de l'homme que par un degré de force, elle doit donc remplir les mêmes fonctions ; les femmes, dans la caste des guerriers, seront des guerriers. Les usages établis sont contraires à cette innovation, mais ce sont des usages contraires à la nature, contraires aux habitudes de tous les êtres vivants. Si la femme ne diffère de l'homme que de degré, il faut qu'elle en partage toutes les occupations ; on aura des égards pour sa faiblesse, mais elle marchera au combat, elle s'exercera à la lutte dans le gymnase. Au reste, les femmes seront communes à tous les guerriers, aucune d'elles n'habitera en particulier avec aucun d'eux, leurs enfants seront les enfants de la caste. Mais la famille se crée à l'instant même de la génération, il n'est pas si facile de la supprimer ; et Socrate prend ses mesures pour l'empêcher de paraître. Il soustrait les nouveau-nés à l'éducation des parents, il les transporte dans un quartier séparé, il cache le secret de leur naissance. Après avoir supprimé la parenté de la nature, il en invente une artificielle, et il considère comme frères tous ceux qui sont du même âge. En même temps, il s'occupe de la génération, il en détermine les conditions : pour lui l'acte de la génération n'est qu'un fait social, et puisqu'il fait abstraction de tous les sentiments de la pudeur, il peut le soumettre à ses réglements comme la gymnastique, et comme toutes les actions sociales. Il lui reste à justifier ses préceptes par les avantages de la communauté des femmes. D'abord elle conserve la caste, elle améliore la race, car elle soustrait la génération aux hasards de la passion. Ensuite elle rend possible la communauté des biens, elle exclut l'intérêt privé de la famille, ainsi les citoyens s'aimeront entre eux comme des frères, les guerriers se considéreront comme les pères de la grande famille de l'état. Avec la propriété et la famille disparaissent les procès, les dissensions, les guerres intérieures : il est difficile qu'il y ait des violences dans un état où tous appartiennent à la même famille. De plus, la communauté des femmes présente un nouveau moyen d'émulation, et l'on récompense la valeur par le choix de la beauté. Par un caprice d'artiste, Platon place ici ses lois sur les combats ; il réserve aux morts illustres les honneurs de l'apothéose; aux hommes courageux les jouissances matérielles : il punit la lâcheté par la dégradation, il punit jusqu'au malheur en défendant de racheter les prisonniers.... Voilà dans ses traits les plus importants la République de Platon : c'est l'idéal du bonheur et de la justice; mais c'est un idéal; sera-t-il possible de la réaliser? Comme idéal la république est aux yeux de Platon le type du bien, du vrai et du beau ; il n'y a que la philosophie qui puisse s'élever jusqu'à ce type : c'est donc à la philosophie qu'il faut en demander la réalisation : de là le mot de Socrate : Tant que les philosophes ne seront pas à la tête des sociétés, la république sera impossible. Au-dessous des régions idéales de la philosophie, vous avez l'opinion, les conjectures, des conceptions, des productions éphémères et fugitives; et certes, ce ne sera pas là-dessus que l'on pourra asseoir les bases d'une société qui est l'image de la justice éternelle. Jusqu'à présent Socrate a dû combattre contre la propriété et contre la famille; maintenant il doit attaquer les gouvernements politiques, et leur opposer le gouvernement des philosophes sous peine de laisser là sa démonstration de la justice comme une pensée qui ne pourra jamais tenir à la réalité.

Quels sont les hommes qui gouvernent la société, se demande Platon au commencement du sixième livre? ce sont ceux qu'il appelle les politiques. Il faut ici, Messieurs, nous rappeler quelques idées du *Gorgias*, qui se trouvent naturellement reproduites dans cette partie de la République. L'objet du *Gorgias* était la rhétorique, c'est-à-dire la politique des démocraties : on y parlait des orateurs, des hommes d'état, de cette éloquence qui entraîne les passions populaires, et qui gouvernait les petits états de la Grèce. Cette politique est à la véritable, dit Platon, comme la cuisine est à la médecine; elle flatte les goûts, elle obéit au peuple, elle ne sait ni commander ni améliorer les hommes. On conçoit que la maladie sociale se perpétue; les seuls hommes capables de la guérir sont dédaignés ou persécutés; on ne donne pas le gouvernement au plus habile, mais au plus fort, au plus heureux, au plus riche. C'est ainsi que les hommes livrent les états à la direction du premier venu, comme des matelots ivres qui jetteraient à la mer le pilote, pour confier le gouvernail au plus vigoureux d'entre eux. Il est vrai qu'à leur tour les philosophes se laissent gagner par les vices de la société, qu'ils appuient de sophismes la fausse politique des orateurs, qu'ils font de la science une spéculation sordide; mais quand la philosophie aura le courage d'être ce qu'elle est, elle seule pourra sauver les états de la corruption qui les dévore. En effet, son véritable sujet c'est le bien, et le bien est au monde intellectuel ce que le soleil est au monde sensible: c'est la lumière de l'esprit; sans elle les choses restent dans la plus profonde obscurité. Imaginez un antre souterrain où des hommes sont enchaînés et réduits à la plus parfaite immobilité; derrière eux brille une lumière artificielle qui projette l'ombre des objets intermédiaires sur la paroi de l'antre: ces hommes ne verront que des ombres; et toute leur science sera la science des ombres..... Vous connaissez, messieurs, cette célèbre allégorie de Platon; elle embrasse presque trois livres de la République; n'en remarquons ici que la conclusion : si quelqu'un descend au fond de la caverne pour parler des merveilles de la nature à ces hommes enchaînés, ils le traiteront de visionnaire, de fou, peut-être d'impie. Tel est le sort du sage dans ce monde : sa science est accusée de mensonge par ces orateurs, par ces politiques, qui ne connaissent que les ombres de la vie, et qui n'ont jamais été éclairés au grand jour des vérités idéales. C'est pourquoi ils s'égarent d'erreur en erreur, sans jamais trouver un moyen de faire cesser les agitations sociales, que la philosophie pourrait seule faire disparaître.

Je n'entrerai pas dans les détails de la théorie des idées et de l'éducation philosophique : vous connaissez la première (1), vous pouvez lire la seconde. J'arrêterai ici l'exposition des sept premiers livres de la République, mais non sans vous dire que c'est dans le VIe et le VIIe livre que la théorie des idées descend, pour ainsi m'exprimer, sur la terre pour y fonder un état parfait. Elle n'y trouve d'abord que désordre, elle voit la souffrance à la suite de la faute, la faute à la suite de l'erreur; car, dans la théorie des idées, connaître la vérité, c'est connaître le bien, et celui qui sait le bien ne peut pas désirer le mal. En même temps, Platon trouve que l'erreur et l'imperfection sont des imitations de la vérité; car, dans la théorie des idées, rien ne peut

(1) Ce fut le sujet de deux leçons, la huitième et la neuvième.

exister qu'à la condition d'imiter la vérité et d'y participer. Mais peu à peu par la force de l'idée du bien, il déploie le plan de sa République, et il combat les désordres de la sensibilité, comme il avait combattu dans les dialogues antécédents, les désordres du matérialisme des sophistes. Vous savez, messieurs, que Platon est toujours dans l'alternative de combattre ou de nier la matière : ne pouvant l'anéantir, il la dérive de l'opposition infinie des deux idées du grand et du petit; pour lui elle est toujours l'origine du mal, soit que dans le Phèdre, il l'accepte pour se faire une idée du monde intellectuel; soit que, dans le Phédon, il déplore la vie comme une temps d'épreuve pour l'âme prisonnière du corps. C'est encore la matière qu'il combat dans la République, c'est la matière humaine, pour ainsi dire, qu'il poursuit dans les passions, dans l'amour de soi, dans la famille et dans la propriété. Plus tard, le Timée expliquera le monde sensible comme l'œuvre du monde intelligible, par les idées, les nombres et le bien. En attendant, Platon déduit une espèce de petit monde humain du monde des vérités éternelles. L'auteur du Timée sacrifiera la réalité extérieure à sa synthèse idéale : ici il sacrifie la réalité historique à ses conceptions abstraites. Bientôt nous verrons les trois derniers livres de la République; ce n'est qu'après avoir achevé l'analyse de ce chef-d'œuvre, que nous le livrerons à la critique du Stagirite.

TROISIÈME LEÇON.

28 JANVIER 1842 (1).

Transition de la politique de Platon à celle d'Aristote.

Avant d'achever l'exposition de la *République*, permettez-moi, messieurs, de vous rappelez ces antinomies de la raison qui jouent un si grand rôle dans toutes les conceptions humaines. Elles se résument

(1) *L'Univers religieux*, dans son numéro du 5 février, annonçait cette leçon comme une rétractation : c'était une nouvelle calomnie et la pire de toutes, car on excuse toutes les opinions, mais on ne peut pas pardonner la lâcheté. La leçon et le plan de mon cours suffiraient pour démentir cette misérable accusation; s'il fallait de nouvelles preuves, j'ajouterais que, le matin du 28 janvier, je ne pouvais pas même imaginer qu'on pût prendre un exposé de Platon pour une prédication communiste. La diffamation de *l'Alsace* ve-

dans les deux idées du fini et de l'infini : l'une conduit au matérialisme, l'autre au panthéisme. Les deux systèmes commencent avec l'histoire de la philosophie, se développent dans l'antiquité, traversent le moyen âge et se présentent sous mille formes diverses à l'époque de la renaissance. Ce n'est pas un spectacle stérile que celui de l'histoire qui nous montre le combat de deux traditions opposées, détruisant l'erreur par l'erreur, et par une critique de dix-huit siècles aboutissant au doute cartésien, le doute qui espère. Continuons donc notre étude des antithèses historiques, et examinons-les dans les sciences sociales. Nous avons commencé par Platon, nous passerons ensuite à Aristote; nous trouverons des deux côtés l'erreur sur un fond de vérité; ici encore la polémique des deux philosophies nous conduira au doute, et le doute nous conduira à la science.

nait de paraître; M. le recteur, presque toutes les autorités académiques, une partie de mes collègues s'étaient réunis, et tous d'accord m'avaient caché la fausse leçon du 21 janvier. En entrant dans la salle des cours, je fus accueilli par de vives démonstrations de sympathie. La fin de cette prétendue rétractation du 28 janvier fut couverte par des applaudissements. Que le lecteur juge si les apostasies peuvent exciter la sympathie de la jeunesse. Je ne croyais voir dans ces applaudissements qu'une protestation contre *l'Univers*, qui m'avait accusé de matérialisme; ce ne fut qu'en descendant de ma chaire que je m'aperçus que je venais d'anéantir une absurde calomnie sans même la connaître. Cependant le témoin de *l'Univers* soutenait que, dans cette leçon, *j'ai commencé à professer des doctrines diamétralement opposées aux précédentes!*

Nous connaissons les sept premiers livres de la *République*; maintenant nous pouvons être courts: les principes sont tracés, et il ne reste plus qu'à en déduire quelques conséquences. — Si l'on suppose que la république est établie suivant Platon, elle doit subir ces changements inévitables qui sont imposés par le mouvement des astres à tout ce qui existe; et aussitôt qu'elle change elle doit se corrompre. L'aristocratie est la première corruption de la république; elle en conserve presque toutes les institutions; mais les guerriers deviennent ambitieux, oppresseurs, et avec les dehors de la vertu ils cachent une profonde avarice. Laissez se développer les conséquences de l'avarice, c'est-à-dire les richesses, et vous aurez l'oligarchie, la domination des riches, la misère des pauvres: dans cet état ce ne sont pas les hommes, ce sont les choses qui commandent. Mais c'est là une oppression dure et insupportable, et si la force des pauvres peut s'augmenter par une classe nombreuse de dissipateurs qui réunissent les passions des grands à l'énergie qui donne le malheur, vous arriverez à la démocratie par une révolution. Alors commence le gouvernement de tout le monde, de tous les caprices; tous veulent dominer, tous sont tour à tour orateurs politiques, guerriers: c'est le règne du hasard. Il est difficile que les riches se résignent à cette égalité: ils tenteront des réactions; alors le peuple se groupera autour d'un chef, et celui-ci finira par fonder la tyrannie. Voilà une espèce d'histoire idéale des gouvernements; tous les états de la Grèce s'y trouvent rapidement classés, tous les vices politiques s'y trouvent jugés : on passe de la vertu de la république à l'ambition de l'aristocratie, à la richesse de l'oligarchie, au hasard de la démocratie, et enfin l'on tombe dans la tyrannie où le vice usurpe la place de la vertu. Rien de plus sombre que le tableau que Platon fait de la tyrannie. C'est qu'après avoir montré l'union du bonheur et de la vertu, quand il parle du tyran, il doit montrer qu'il est le plus malheureux de tous les hommes; c'est ce qu'il prouve, en mêlant la poésie à la science, et il parvient à ce résultat numérique, que le tyran est 729 fois plus malheureux que le sage.

Au dernier livre de la République, Platon revient à la religion, je veux dire à la poésie grecque, pour mesurer la distance qui la sépare de la vérité. La poésie, suivant lui, ne fait qu'imiter la nature, car la nature est déjà l'imitation multiple d'une vérité unique. Le vrai est dans les idées, l'imitation réelle est dans les choses; la poésie est l'imitation d'une imitation. Ainsi le poëte décrit des combats, sans savoir ni les commander ni juger de la vérité de ses propres descriptions; il s'adresse aux passions, il cherche les applaudissements du peuple; mais il rougirait de présenter au sage ses vides imitations. On le voit, Platon, voulant détruire la mythologie, l'attaque dans sa source, dans l'art grec, comme plus tard Grégoire-le-Grand, pour détruire le paganisme, voulait supprimer toute la littérature ancienne. — Platon n'a rien épargné dans sa critique; avec la Grèce, il a condamné la nature humaine; il s'agit de savoir comment on peut concilier ces malheurs, ces erreurs presque éternelles du genre humain avec la Providence..... Son ouvrage finit avec le récit d'Er l'Arménien, c'est-à-dire avec un mythe sur la grande république de l'univers où tous les êtres vivants occupent dans les sphères la place qu'ils méritent d'après leurs actions. Les trois dogmes de la réminiscence, de la préexistence des âmes et de la métempsycose se reproduisent ici pour absoudre Dieu du mal qu'il y a dans ce monde.

Tous les grands systèmes sont comme ces palais enchantés du moyen âge: les chevaliers en y entrant, étaient subjugués par une puissance invisible; ils ne pouvaient plus combattre, ils perdaient leur force. Telle est la république de Platon: pour se défendre de ses enchantements, il faut attaquer la puissance qui l'a créée, si on l'ignore; et on ne peut plus résister à ses charmes. Essayons, sans toutefois anticiper sur la véritable critique, de dévoiler cette force de logique qui en domine les principes et les détails.

1. Le premier principe de Platon, c'est l'identification du bon et du vrai. Voilà pourquoi, dans le Phi-

lèbe, il condamne le plaisir inintelligent, il ne peut pas le laisser subsister comme un fait indépendant. C'est là la faute originelle du platonisme. Cependant, malgré toutes les démonstrations de la *République*, on revient toujours à la thèse de Glaucon, du moins le plaisir, en tant que plaisir, peut se réunir au vice, à l'erreur; il sera passager, mais il existe indépendamment de la vertu et de la vérité. Platon le sait si bien qu'à la fin de sa *République*, il est forcé de récompenser la vertu dans le ciel, car elle n'est pas heureuse sur la terre.

2. Une fois la sensation négligée dans ses effets, presque tout l'ordre extérieur de la société est condamné : la légalité devient absurde, et ses institutions portent à faux ; car toutes supposent que la société tient en grande partie sur la nature de l'homme telle qu'elle est, composée de corps et d'esprit. Dans la sphère des esprits on ne regarde qu'à l'intention, à la pensée, à la volonté ; dans la société, il faut considérer aussi les faits, l'action matérielle, le résultat d'une volonté inconnue. La *République* de Platon est spirituelle dans la rigueur du mot. L'auteur des *Lois* descend un peu de ces hauteurs idéales ; mais là encore le principe supérieur empiète sur la propriété, sur le travail, sur le commerce, il prive les citoyens de toutes les ressources des communications faciles, du crédit, de la liberté mercantile, des voyages. Les nations cherchent le voisinage de la mer, le secours des rivières, les rela-

tions avec les autres peuples : ce sont là des causes de corruption pour la morale de Platon ; et, à force d'élever la cité, il l'isole tellement qu'elle reste hors de l'humanité et hors de la nature sensible.

3. En substituant les lois morales aux politiques, Platon retombe dans une autre légalité, celle qui punit les vices, et presque les intentions. Il soumet la religion à l'inquisition; il livre à la mort l'avocat convaincu de chicane; il livre aux violences du premier venu celui qui abandonne son domicile pendant la nuit.

4. Mais, pour fonder un gouvernement qui puisse régler tous les mouvements du cœur et de la pensée, il faut un pouvoir énorme ; la tyrannie et la théocratie réunies ensemble manqueraient à l'œuvre. Pour s'emparer de l'éducation et fonder une espèce de pédagogie sociale, Platon ici tombe dans l'inconséquence de tous les utopistes, qui prêchent en général la liberté, l'égalité, accusent les gouvernements, au nom d'un avenir indéfini; puis tout à coup, pour le réaliser, invoquent la force des castes, où la tentation du pouvoir est mille fois plus forte, la corruption plus facile et la tyrannie insupportable.

5. Nous n'insisterons pas sur la communauté des femmes et des biens; seulement nous dirons qu'elle nous semble tenir à la théorie des idées. Celle-ci aboutit à l'unité, et, quand elle n'arrive pas jusqu'au pan-

théisme, elle peut tout exiger pour obtenir la fusion complète de l'individualité dans la société.

6. Tout ce qui existe participe au bien et l'imite : si donc l'unité idéale se brise dans ces pluralités qui se multiplient en tombant de décadence en décadence, celles-ci doivent néanmoins garder quelque empreinte de l'unité primitive. De là la théorie des imitations et l'histoire idéale de la dégénération de la république ; où l'ambition, la richesse, le hasard et le vice prennent successivement le rôle de la vertu. Cette théorie a suggéré à l'imagination poétique de Platon l'histoire des corruptions de sa république avant de parler des moyens de la réaliser. Car il est clair que ces moyens ne peuvent être connus que par celui qui sait s'élever à l'unité primitive.

7. Quels sont maintenant les moyens pour réaliser la République? D'après la lettre de la théorie platonicienne, ce sera l'éducation; mais celle-ci suppose l'état déjà fondé; de sorte que par ce côté le système de Platon tournerait dans un cercle vicieux. Il n'y a que deux manières d'établir un gouvernement : la force ou la persuation, à moins qu'on ne veuille employer les deux ensemble. Mais la persuasion ne saurait avoir de prise au milieu de notre corruption : Socrate, qui y pense un instant, ne peut pas espérer que la philosophie opère un tel prodige. Reste la force; mais, outre qu'elle sup-

pose un pouvoir déjà acquis à la philosophie, outre qu'elle suppose la république presque établie, la force ne saurait atteindre le but, car cette république se fonde sur les mœurs : elle n'admet ni lois, ni contrainte matérielle : c'est un état vertueux et on ne commande pas la vertu. S'il faut renoncer à la persuasion et à la force, quels seront les moyens de Platon ? Dans quelques phrases de la *République*, il semble désespérer, de sorte que quelques philosophes l'ont considérée comme un traité sur la justice : suivant eux, Platon ne poursuit pas réellement ce but politique qui semble le préoccuper depuis les premiers livres jusqu'aux derniers de son ouvrage. Cependant Platon, tout en comprenant la distance entre son idéal et la réalité, s'est rapproché de la seconde pour trouver un point d'appui : Ainsi dans les *Lois*, il s'est décidé pour l'un des deux moyens, l'emploi de la force. En effet, dans ce plan d'un second état qu'il considère lui-même comme une introduction au premier, on trouve les institutions de la république avec des concessions importantes, il est vrai, mais provisoires; et de plus, on trouve des *Lois*, des peines, c'est-à-dire l'empire de la force; de sorte que, dans la suite, il pourra arriver à la République par la persuasion. On peut se demander encore quels seront les moyens pour arriver à ce second état décrit dans les *Lois* ? Au

IVe livre de cet ouvrage, Platon parle d'un troisième état qui devait frayer la route au second; il n'a rien laissé là-dessus, ce devait être le dernier anneau de la chaîne qui liait le réel à l'idéal. S'il est permis de hasarder une conjecture, c'était là peut-être une transaction entre la force et la persuasion. Platon parle souvent de la possibilité de gagner un tyran ou le fils d'un tyran à la philosophie et de fonder par là un nouvel état ou une nouvelle colonie : il est probable que, dans un troisième plan, cette possibilité abstraite pouvait se trouver développée en un projet plus positif, propice à quelques états, appuyé sur quelques institutions établies. Quoi qu'il en soit, il est certain que Platon étaie une conception par une autre, et celle-ci par une troisième, et que cet échafaudage d'idées repose sur le génie du philosophe, qui s'élève jusqu'à l'idée du bien. Une idée d'un philosophe, voilà le point de départ de Platon; voilà la base de la République : elle repose sur une pensée, elle passera à la postérité comme une simple pensée. Si vous considérez les utopies en relation aux moyens que l'on propose pour les réaliser, vous verrez, messieurs, que l'utopie de Platon tient à une idée; que celles du moyen âge tiennent à un miracle, et celles des modernes à l'émancipation commerciale. Ce sont là trois moyens qui correspondent exactement aux trois civilisations : l'une bornée à la cité, l'autre naturellement religieuse, la troisième essentiellement commerciale.

Jetons maintenant notre dernier regard d'amour sur cette œuvre immense de la République de Platon : c'est le rêve de l'âge d'or dans la philosophie ancienne, c'est le plus grand effort de la science païenne pour racheter la faute originelle de l'égoïsme. Jamais la forme extérieure de ce chef-d'œuvre n'a été égalée : l'agencement du dialogue, la beauté des détails, la complication et la simplicité de l'ensemble, l'éclat et la correction du style, tout y montre Platon, et Platon se surpassant lui-même. Il y a là une foule d'idées et de théories qui se déroulent les unes après les autres sans se confondre, s'appuyant, se fortifiant mutuellement. D'abord vous avez la discussion sur la justice ; la dialectique de Socrate y poursuit les sophismes de Thrasymaque dans toutes leurs transformations et les accable par toutes les contradictions qu'il en fait sortir. Glaucon relève la thèse de Thrasymaque, par ses arguments il devance les théories matérialistes du dix-huitième siècle ; mais à l'instant où il semble triompher de Socrate, le sujet grandit tout à coup, et Socrate oppose la justice sociale aux sophismes de l'intérêt privé. L'idée d'une république parfaite devient entre les mains de Platon un plan d'éducation : ce plan acquiert une nouvelle grandeur et il renverse le paganisme des traditions poétiques. Trois objections se présentent contre la république : la propriété, la famille et les gouvernements établis, et trois nouvelles théories, celles de la communauté des biens, de la communauté des femmes et de la domination des philosophes répondent à ces objections. Puis la république grandit encore, et comme le philosophe pour Platon est pour ainsi dire la vérité qui se fait homme, il remonte jusqu'à la vérité première, jusqu'à Dieu ; c'est là qu'il trouve le centre et le point d'appui de toutes ses théories. Une fois là, il ne peut plus s'élever, il faudra bien redescendre, il jette un regard sur la terre, et il en voit tous les gouvernements éphémères se détacher de son type idéal et tomber d'abîme en abîme jusqu'à la tyrannie : il voit encore la vérité idéale tomber d'imitation en imitation de l'idée éternelle à la nature et à la poésie qu'il condamne presque en entier. Enfin, arrivé aux dernières régions de son système, il achève le grand œuvre par un mythe où ses idées dépassent les bornes de ce monde pour justifier la Providence dans l'univers. Dans ce travail où les idées s'élèvent les unes sur les autres à une hauteur infinie, le plan est unique, il sort d'un seul principe, le bien ; il se dédouble pour embrasser la politique et la morale, les intérêts et la justice ; mais, dans sa double démonstration, Platon revient toujours à faire coïncider les deux plans, de sorte qu'à chaque pas l'un appelle l'autre malgré la complication des détails. La *République*, avons-nous dit, est une œuvre inimitable; c'est qu'elle se rattache à une des plus belles phases de l'histoire du langage philosophique. Avant Platon la philosophie s'exprimait par la poésie. Platon a trouvé la fusion de la poésie et de la science dans le dialogue : plus tard l'expression se perfectionne, Aristote trouve la forme absolument scientifique, Descartes réunit la forme scientifique à la forme populaire, grâce à la logique des langues modernes. Mais précisément ces nouvelles perfections rendent impossibles les anciennes. Dans le progrès des arts, il y a des arts qui périssent : et celui qui a produit la République est de ce nombre, de sorte qu'elle restera toujours le modèle inimitable d'une époque unique dans l'histoire de l'esprit humain.

QUATRIÈME LEÇON.

31 JANVIER.

La Politique d'Aristote.

MESSIEURS,

Il ne m'est pas possible de vous donner ici une idée complète de la Politique d'Aristote : celle de Platon est un système, et comme on peut faire rentrer les systèmes dans leurs principes, on peut les abréger indéfiniment. Mais Aristote résume l'expérience de la Grèce, elle descend dans les détails de l'histoire des gouvernements, elle observe les faits ; et vous savez qu'il est presque impossible d'abréger les faits. Bornons-nous à suivre les traits les plus saillants de l'ouvrage d'Aristote, sans nous occuper de sa forme : cela suffira à notre but, qui est d'examiner les antithèses politiques telles qu'elles arrivent à l'époque de la Renaissance.

Aristote débute par l'observation : il observe et il trouve la famille, qui se compose de la femme, de l'enfant, de l'esclave et du bœuf; c'est là un premier fait : la famille aboutit à la bourgade, c'est un second fait donné par la nature; la réunion de plusieurs bourgades constitue la cité : ce troisième fait forme le sujet de la Politique. Ainsi, l'homme est né pour la société; car il ne se suffit pas à lui-même, il n'est ni un dieu ni une brute; c'est un animal essentiellement politique. Après avoir trouvé l'origine de la cité, Aristote l'analyse dans ses éléments; ce sont les éléments de la domination de l'homme; et pourtant il parle du pouvoir de l'homme sur la femme, sur les enfants; les mauvaises raisons ne lui manquent pas pour justifier l'esclavage; il dénombre les diverses espèces de propriété, le moyen de l'acquérir et de l'augmenter; il met sur la même ligne la chasse et la guerre, mais il n'oublie pas le commerce, l'échange et la monnaie. De la domination de l'homme sur les personnes et les choses, on passe à la domination politique, qui doit résumer celle des particuliers, sous peine d'être toujours attaquée ou menacée par ceux qui sont exclus du gouvernement ; de là ce principe d'Aristote que le meilleur gouvernement sera celui auquel pourra prendre part le plus grand nombre de citoyens. Il va sans dire que pour Aristote les esclaves et les artisans ne sont pas des citoyens : les uns ne sont que des instruments animés; les autres sont dégradés par la nature de leurs propres occupations.—Quels sont les divers gouvernements? Il y en a trois pour Aristote : la monarchie, l'aristocratie et la démocratie, et à ces trois formes correspondent trois corruptions différentes, la tyrannie, l'oligarchie et l'anarchie. Vous vous souvenez, messieurs, de l'Organon, de ce labyrinthe de formes donné par les trois termes du syllogisme, de toutes les divisions et subdivisions des Topiques; vous savez avec quelle fermeté Aristote sait parcourir tous les degrés des classifications, des généralisations, sans se lasser, sans s'égarer tant qu'il n'a pas épuisé un sujet. Dans les Politiques c'est la même force logique qui domine, et qui ordonne en un système de généralités les moindres résultats de l'observation. Aristote a posé trois formes de gouvernements : il leur oppose trois formes de désordres : puis il les examine dans leur relation au pouvoir souverain, à la distribution des richesses, enfin au mérite des hommes. Là se trouve ce célèbre dilemme sur l'homme de génie : il faudra ou le bannir par l'ostracisme, ou lui livrer le gouvernement de l'état; car le génie ne reçoit les lois de personne, c'est lui qui en donne à l'univers. Voilà le problème de la monarchie dont la solution peut varier suivant que le roi est ou non dictateur, ou le commandant de l'armée, ou un chef élu par ses égaux, ou enfin un tyran. Le problème de la monarchie se réduit pour Aristote à l'alternative entre les deux partis d'obéir aux meilleures lois, ou à la volonté d'un seul homme. Quoi que l'on puisse dire contre les lois, il est certain que la volonté de l'homme une fois énoncée est une loi, avec cette différence qu'elle peut être dictée par les passions. Il est d'ailleurs injuste de supposer qu'un seul homme soit plus vertueux et plus éclairé que tous les autres pris ensemble : il est évident qu'il est sujet à la corruption, qu'il peut fonder une tyrannie, tandis que de l'autre côté la multitude est incorruptible. Enfin un seul homme ne peut pas gouverner l'état, il doit recourir au conseil de ceux qui l'entourent, de sorte que la monarchie absolue se détruit par elle-même et la volonté d'un roi n'est jamais la volonté d'une seule personne. Aristote n'absout la monarchie qu'en faveur du génie.

Quel sera le meilleur gouvernement suivant Aristote? Il distingue le meilleur gouvernement, du gouvernement le plus facile, et de celui qu'il faut préférer suivant les circonstances. Ensuite il revient à sa classification primitive des trois gouvernements : suivant lui, la monarchie est le meilleur de tous, mais la tyrannie est la pire de toutes les corruptions; l'aristocratie tient le milieu entre les deux extrêmes, quand même elle se corrompt dans l'oligarchie : la démocratie normale est le pire de tous les gouvernements, mais quand elle se corrompt c'est le plus tolérable de tous les désordres.

Il y a huit classes de personnes d'après Aristote : les laboureurs, les artisans, les marchands, les mercenaires, les guerriers, les magistrats, les riches et les juges. Toutes ces classes de citoyens influent sur les trois formes de gouvernement et peuvent les modifier. Ainsi, par exemple, la démocratie varie suivant la prépondérance plus ou moins grande de la classe des laboureurs, suivant l'influence de la richesse qui peut exclure du gouvernement ceux qui ne présentent pas un certain revenu, etc. D'autres variations se rencontrent dans l'oligarchie, qui peut être héréditaire ou élective, soumise aux lois ou aux magistrats. Cette dernière distinction revient à-propos de la monarchie... Après avoir examiné les gouvernements dans leur constitution, Aristote les analyse dans leur origine, et il présente son sujet sous un nouveau point de vue. Le mélange des diverses formes de gouvernements est encore la matière d'une nouvelle étude : dans d'autres parties de son ouvrage, il suit les gouvernements sur les divers terrains où ils peuvent s'établir, et il les observe sous l'influence du climat, des traditions politiques antécédentes, qu'ils acceptent ou qu'ils combattent ; enfin, il divise le pouvoir souverain en trois pouvoirs, l'exécutif, le législatif et le judiciaire, et, par cette théorie, il creuse son sujet à de nouvelles profondeurs.

Je supprime les détails de cette vaste expérience politique, et je me hâte de vous indiquer la théorie des révolutions d'après Aristote, et les moyens de salut qu'il propose. En général, l'ambition, le désir d'acquérir des richesses, la cupidité des magistrats, les injustices, les persécutions, l'influence excessive de quelques citoyens, une profonde différence dans les mœurs des habitants d'un même pays ; la variété du territoire, qui ne souffre pas l'uniformité d'un gouvernement, sont autant de causes d'instabilité politique. Quelquefois un événement extérieur, un danger imminent peuvent avertir les citoyens des désordres du gouvernement et provoquer une révolution ; parfois aussi elle peut venir de l'extérieur, et, dans ce cas, tout peuple conquérant impose son propre gouvernement au peuple conquis. Aristote indique les révolutions particulières à chaque forme de gouvernement, et plus tard il oppose un remède à chacune d'elles. En prêtant ainsi l'appui de ses conseils à tous les pouvoirs, il revient sur ses classifications, et quand il arrive à la tyrannie il ne recule pas devant l'idée de la sauver. Le tyran, pour maintenir son pouvoir, doit abattre les grands, supprimer les associations, espionner les citoyens, les diviser, les appauvrir, jeter la méfiance entre les amis, favoriser les femmes et les esclaves, persécuter la vertu, encourager le vice : en résumé, il doit diviser, dégrader, affaiblir. Ce sont là les ressources habituelles de la tyrannie, mais il y en a de meilleures. Affecter l'amour du bien public, de la justice, porter l'économie dans l'administration, distraire les citoyens par des expéditions à l'étranger, montrer un maintien grave et sévère, s'abstenir de toute insulte inutile : voilà les véritables ressources du tyran. Qu'il distribue des récompenses, mais qu'il laisse aux tribunaux le soin de punir, il sera moins odieux. Qu'il embellisse la ville, qu'il respecte la religion, qu'il abaisse les hommes influents, mais sans trop de violence, surtout qu'il ne prête jamais les mains à l'élévation d'un homme qu'il puisse craindre dans la suite; qu'il s'efforce enfin de balancer le pouvoir des riches et des pauvres. Pour conserver la tyrannie, Aristote ne craint pas de la dénaturer, c'est pourquoi il veut que le tyran ne soit méchant qu'à moitié.

Vers la fin de l'ouvrage, tel qu'il nous est parvenu, il est question de l'origine des gouvernements, des institutions qui leur sont favorables, de la manière de vivre, de la population, du territoire qui peut être riche ou pauvre, facilement ou difficilement accessible. Aristote parle aussi des choses de l'état, c'est-à-dire, des armes, des arts, de l'argent et de la religion ; et il finit par quelques considérations sur l'éducation. Comme Platon, il traite de la gymnastique et de la musique, mais pour lui la seconde était plutôt un amusement qu'une nécessité; et vous voyez bien qu'à ses yeux l'éducation devait avoir moins d'importance, car il n'aspire pas à transformer les hommes, il se borne à les accepter tels qu'ils sortent des mains de la nature.

Essayons de compléter cette analyse rapide par quelques remarques qui nous ramèneront à notre sujet, à la comparaison des deux traditions politiques. Nous avons vu, qu'avant tout, Aristote était observateur; il en résulte qu'il est conduit à accepter les faits tels que les lui présente la civilisation grecque. L'observation devient une science par la généralisation, et les Politiques sont une véritable classification; on dirait presque l'histoire naturelle des gouvernements de la Grèce. L'observation et la généralisation réunies forment l'art, et l'art politique d'Aristote révèle toute la grandeur de son génie. Dans quelques pages il parle de la richesse, et il donne la première idée d'une science de l'économie politique; ailleurs il dénombre les ressources de la tyrannie et de tous les gouvernements, et il donne les principes de la science de Machiavel. Sa théorie des trois pouvoirs, est la clé dont Montesquieu se sert pour analyser les institutions politiques. Préoccupé de l'idée d'exclure toute collision entre les riches et les pauvres, le philosophe grec sent ce défaut d'une classe moyenne qui laisse les états anciens en proie à des agitations continuelles, et par là est indiqué l'élément qui joue un si grand rôle dans la politique moderne. Le plus étonnant, c'est de voir cette divination du génie dans une civilisation et même dans un système qui condamne le travail, accepte l'esclavage, renferme l'état dans les limites de la cité, et se méfie du commerce jusqu'à redouter la facilité des communications que présentent les villes maritimes.

On sait qu'Aristote avait analysé environ deux cents constitutions d'états grecs ou barbares, et les résultats de cette vaste expérience sont bien sensibles dans ses Politiques. Il y juge tous les gouvernements les plus célèbres, ceux d'Athènes, de Sparte, de Crète, de Carthage, etc.; puis il parle des législateurs, comme Solon, Lycurgue, Charondas, Dracon, Pittacus, etc. Ce n'est pas tout, il fait une classe à part pour les utopistes, et à force de classer il rencontre enfin Platon qu'il range avec Phaleas et Hippodame de Milet. Le maître et le disciple sont en présence, nous pouvons désormais assister au combat des deux écoles opposées. Platon était préoccupé de l'unité; c'est pour fonder un état réellement *un* qu'il établissait la communauté. Aristote observe que l'unité est dans l'individu, et que la cité doit être multiple, puisque l'unité sociale n'est qu'une abstraction. Ainsi l'individu est plus un que la famille ; la famille est plus une que la bourgade et la cité, et cependant l'individu et la famille se suffisent moins que la bourgade et la cité. Supprimer la famille pour arriver à une fausse unité, c'est supprimer les affections de l'homme et son activité politique, car on ne s'intéresse à l'état que par la famille, et l'intérêt de tout le monde n'est l'intérêt de personne. Dailleurs lutter contre la famille, c'est lutter contre la nature ; et tôt ou tard elle triomphera, car le secret des naissances sera révélé, et dans tous les cas la ressemblance des fils avec leurs parents reproduira la famille, malgré tous les artifices du législateur de la *République*.

Quant à la propriété, si elle entraîne avec elle bien des désordres, elle supprime les dissensions, fixe la famille, et multiplie les forces de l'activité humaine. Toucher à l'amour de soi c'est toucher au premier mobile de la politique ; il faut l'accepter, même lorsqu'il engendre les rivalités des citoyens, car elles profitent à l'état, et produisent cette activité d'où résulte l'harmonie et la force intéressée de la république. Aristote ne manque pas d'attaquer la communauté des femmes au nom de la morale ; et puisque Platon veut fonder sa république sur les vertus, il observe que les deux communautés suppriment les deux vertus de la chasteté et de la libéralité. Que si l'on examine le gouvernement de la *République*, d'autres contradictions se présentent. Platon veut que son état soit *un*, et il fonde la caste, principe de division, car ceux qu'il condamne à une éternelle obéissance seront toujours tentés de se révolter : il veut que son état soit vertueux, et il ne s'occupe que des guerriers, et il ne parle pas des autres habitants de la république. Ajoutez que même la classe des guerriers ne sera pas heureuse, puisqu'elle mènera une vie de privation, et que si un jour elle vient à se corrompre, l'état sera perdu, car rien ne pourra contre-balancer leur puissance. — Ainsi, cette grande lutte qui a commencé dans les hautes régions de la métaphysique entre Platon et Aristote, s'achève sur le champ de la politique. L'œuvre du législateur de la République est détruite, et si plusieurs de ses idées doivent être renouvelées, elles auront à se transformer pour résister, ne fût-ce qu'un instant, à la critique du Stagirite.

Résumons les oppositions que nous présentent dans la pratique les deux plus grands génies de la philosophie ancienne. Platon condamne l'amour de soi, et par la force de la raison il conçoit un idéal de la vertu grecque : Aristote réhabilite la sensibilité, et il réunit, par une admirable synthèse, tout ce qu'il y a de plus utile dans la civilisation de son époque. L'un attaque la religion, la propriété, la famille, presque toutes les institutions de son pays ; l'autre les accepte comme des instruments pour arriver au bien-être politique. Bien plus, Platon s'appuie sur un seul principe, et arrive nécessairement à une seule conséquence, le type de la république : Aristote part de l'observation des faits, il ne peut pas tracer un plan idéal de gouvernement, et il vous laisse à la merci des hasards de la réalité. Du haut de la région des idées, Platon méprise tous les intérêts de la terre, il flétrit de sa critique cette science positive qui ne connaît que les ombres de la vérité : Aristote ne croit ni aux idées, ni à la Providence; il accepte le mal comme un fait; et sans l'expliquer par une théodicée supérieure, il l'impute à la matière, ou plutôt il le généralise dans le fait plus vaste de la *privation*. En effet, suivant lui, tout être est composé de matière et d'essence; l'essence est impérissable, indivisible, elle est la cause du *devenir;* mais elle ne devient réellement qu'en se réunissant à la matière, et c'est alors seulement que l'observation peut l'atteindre. Mais la matière est défaillante, et à chaque instant elle peut faire défaut à l'essence : de là la mort et la destruction. Or l'homme est une essence, comme toutes les essences, il passe à la réalité par l'attraction d'un dieu inactif, relégué hors du monde sublunaire; par la force de cette attraction, il se propage dans la famille, il s'élève à la bourgade, à la cité, il se perfectionne dans la société, et il peut arriver au plus grand bonheur de la société la plus parfaite, savoir au bonheur de penser et de connaître. Voilà la destinée de l'homme; mais si la matière vient à manquer, elle reste inachevée, et l'essence de l'homme est livrée à tous les hasards de la matière.

De quel côté sera l'erreur? De quel côté sera la vérité? Les deux systèmes se fondent chacun sur un élément réel, c'est pourquoi ils se perpétuent à travers les siècles, et ils renouvellent leur combat à toutes les époques. Mais s'il y a dans la nature humaine deux éléments, il est clair que nos deux systèmes exclusifs ne contiennent que la moitié de la vérité, et que la véritable science n'est possible qu'à la condition d'une conciliation définitive. Ainsi Aristote a raison quand il observe, quand il constate les faits et les généralise, quand il dénombre les ressources de tous les gouvernements, enfin quand il fait l'histoire naturelle de l'homme dans la société. Il a raison quand il devance l'expérience de Smith, de Machiavel, de Montesquieu; car le ressort le plus puissant de la société, c'est l'amour de soi, et un principe ne peut en être accepté s'il ne tient pas aux intérêts. Platon au contraire est dans son droit quand, au nom de la raison, il proteste contre la nature; quand il veut dépasser les bornes du monde sensible pour chercher un avenir idéal où tous les hommes puissent réaliser cette destinée qui ne peut pas s'accomplir dans les sociétés. Mais quand Aristote ne fait qu'*observer*, quand Platon ne fait que *penser*; quand l'un s'arrête à un passé stationnaire, qui revient circulairement sur lui-même, quand l'autre rêve un avenir contraire à toutes les lois de la nature, quand l'un condamne cette terre et que l'autre renonce au ciel, tous deux aboutissent à l'erreur par des voies opposées. Enfin tous deux s'égarent, et en cela ils se rencontrent, lorsqu'ils renferment l'humanité dans la cité, la vertu dans l'aristocratie, et lorsqu'ils condamnent le commerce, condamnation qui retombe sur leurs théories et les force à accepter l'esclavage.

Quel sera le véritable système politique qui concilie les deux traditions contraires? Suivons l'histoire, sa critique est infaillible, et elle nous conduira tôt ou tard à une conciliation des deux tendances opposées. Dans l'antiquité, cette conciliation manque; ni le mysticisme ni le stoïcisme ne peuvent la présenter : peut-être ne pouvait-elle pas tenir dans les limites de la cité grecque. Le monde romain offrait déjà une nouvelle donnée, la réunion de tous les hommes, opérée par la force; et le christianisme venait plus tard l'expliquer et la consacrer par ses doctrines. Mais ce travail de la science était bientôt remplacé par le christianisme, d'abord hostile à la philosophie, ensuite pressé de se propager, et de résoudre tous les problèmes de l'humanité au point de vue de son dogme religieux. Ainsi la science elle-même se perdait dans cette violente commotion du monde ancien; plus tard elle était paralysée dans la scolastique, sous la prépondérance d'un principe étranger, et il est certain qu'elle ne pouvait concilier les folies des millénaires et quelques commentateurs d'Aristote. C'était donc à la renaissance à tout recommencer, à rappeler dans toute leur grandeur les idées grecques; mais cette fois les idées grecques reparaissaient au milieu du monde chrétien, elles embrassent l'humanité, et la critique ancienne pouvait enfanter des vérités nouvelles. La double tendance se manifeste sous l'influence des deux systèmes anciens. Vous avez les platoniciens et les péripatéticiens, les matérialistes et les mystiques de la renaissance; et en même temps vous avez les deux politiques opposées de Machiavel et de Campanella. Le premier observe la variété indéfinie des faits, il ne voit que les intérêts, il ne parle qu'à l'égoïsme. Bien plus exagéré que son maître, non-seulement il vous livre à la variété des circonstances, mais il vous laisse le choix entre les deux gouvernements les plus opposés, savoir: la démocratie et la tyrannie; et en fait de tyrannie il ne permet pas d'être méchant à moitié, et rien ne l'indigne plus que l'imprudence qui n'ose pas achever un crime. Campanella, au contraire, part de la morale; il accepte la République de Platon, mais il l'accepte en maître, de sorte qu'il réunit toutes les nations de la terre, par la force d'un nouveau christianisme, dans une seule république qui exclut la propriété et la famille tout en admettant le commerce et l'industrie. Je sais que Campanella est matérialiste, qu'en même temps il est millénaire, et ce ne sont pas les moindres de ses folies; mais il me suffit de constater qu'il est le représentant politique de la seconde tendance de l'esprit humain à l'époque de la renaissance. Voilà donc les deux traditions, le Platon et l'Aristote politique du seizième et du dix-septième siècle; voilà deux systèmes exclusifs qui impliqueront l'erreur et la vérité; tant que Vico, le dernier philosophe de la renaissance, ne vienne enfin clore les débats de cette période par la synthèse des deux systèmes. A la vérité, la science nouvelle n'est pas une œuvre définitive, il s'en faut bien; si cela était, nous serions à la fin de l'histoire; tout le monde connaît les erreurs de Vico, mais tout le monde n'en connaît pas la grandeur. C'est que la science nouvelle réunit en même temps l'expérience de Machiavel et d'Aristote, et la pensée de Platon et de ses successeurs : d'un côté vous y trouvez la théorie des intérêts qui pénètre dans tous les détails de l'histoire des lois, de l'autre vous y trouvez la théorie des idées qui jette partout un reflet du monde idéal de Platon. La matière et l'esprit s'y trouvent réunis par une harmonie préétablie qui fait correspondre chaque événement à un principe, chaque fait à une idée, chaque sensation à un progrès de la pensée. Ainsi, suivant Vico, les nécessités extérieures de la société provoquent la manifestation des principes intérieurs de l'humanité, les vicissitudes extérieures du monde matériel réveillent les puissances latentes du monde intellectuel, et par *l'occasion* de la sensibilité, des intérêts, des passions, par les luttes sociales, par les révolutions inévitables des gouvernements, l'homme arrive peu à peu à l'humanité, c'est-à-dire à la connaissance de lui-même, c'est-à-dire à la connaissance des idées éternelles, inhérentes à l'entendement. L'œuvre de la science nouvelle, nous le répétons, n'est pas définitive; mais quand on y arrive en suivant la marche de l'histoire, on peut s'y reposer pendant quelques instants pour contempler le passé qu'elle embrasse et qu'elle résume, et on y acquiert de nouvelles forces pour marcher vers l'avenir qu'elle devine et qu'elle pressent.

DISCOURS

SUR L'HISTOIRE DE LA PHILOSOPHIE

A L'ÉPOQUE DE LA RENAISSANCE.

Messieurs,

Notre civilisation et notre philosophie remontent aux siècles de la renaissance ; elles sont contemporaines de Christophe Colomb ; elles se développent à l'époque de Guttenberg, de Luther et de Galilée. Avant la renaissance, nous trouvons le moyen âge, c'est-à-dire la scolastique et la féodalité ; plus loin, nous rencontrons l'antiquité gréco-latine avec une autre organisation sociale et d'autres systèmes philosophiques ; plus loin encore, nous entrevoyons l'enfance du genre humain dans les religions philosophiques de l'Orient. Le genre humain a passé par plusieurs civilisations, et par conséquent l'esprit humain a passé par plusieurs philosophies. La dernière commence à l'instant même où commence le monde moderne : elle ne pouvait venir ni plus tôt ni plus tard. Plus tôt, elle aurait devancé les événements; elle aurait anticipé sur l'expérience; et les philosophes auraient été plus que des hommes, des prophètes. Plus tard, elle se serait bornée à expliquer le passé, renonçant à son plus beau rôle, celui de diriger l'humanité. L'histoire de la philosophie doit être parallèle à l'histoire de la société. Une société en progrès et une philosophie immobile seraient une contradiction; mais l'esprit humain est essentiellement logique, et quand il s'opère une révolution dans la sphère des intérêts, elle doit se propager immédiatement dans la région des idées. Si donc les révolutions qui nous emportent, si les inventions qui sont la base de notre vie sociale sont les révolutions et les inventions de la renaissance, il est évident qu'en exposant les systèmes philosophiques du quinzième et du seizième siècle, nous assisterons aux origines et au développement de la philosophie moderne.

La philosophie de la renaissance n'est pas encore bien connue : d'abord on l'a mal étudiée en la séparant du but pratique qu'elle se propose; ensuite elle tient à des traditions, à des croyances et à des formes qui en cachent la véritable valeur. Peut-être cette considération suffisait-elle à décider le choix de notre sujet : mais j'ai été guidé par des raisons plus directes et plus fortes que l'intérêt d'une simple curiosité historique. J'essaierai, messieurs, de vous les exposer, en vous montrant quel rôle a joué la philosophie de la renaissance. Nous la comparerons successivement à la scolastique, qu'elle détruit ou qu'elle résume, et aux philosophies postérieures, qui la développent et la régularisent. Toutes ses productions se trouveront ainsi dénombrées et jugées par ce double rapprochement; l'exposé de quelques principes relatifs à l'histoire de la philosophie complètera notre programme, et fera voir comment nous espérons le réaliser.

La scolastique fut une propagande du christianisme, mais une propagande savante, qui se chargeait d'en déduire les conséquences, de les appliquer et de les coordonner avec les traditions de la science et les intérêts de la société. Par ce travail lent, mais continu, elle se constitua dans les quatre parties de la logique, de la théologie, de la physique et de la politique. La théologie scolastique n'était que le christianisme réuni, tantôt à la métaphysique d'Aristote, tantôt aux doctrines mystiques; et, de là, deux traditions hostiles qui traversent le moyen âge, relevant directement ou indirectement, l'une du péripatétisme, l'autre du platonisme. La logique des scolastiques était celle d'Aristote, enrichie de toutes les subtilités grecques, arabes et occidentales qu'avait provoquées la pratique du syllogisme dans la discussion. Leur physique se composait encore de celle d'Aristote, que l'on mêlait aux sciences occultes ; mais souvent celles-ci aspiraient, comme la physique de Platon, à deviner le fond même des choses, et alors elles accusaient le maître de s'arrêter aux signes extérieurs de la nature, de se borner à la simple description des phénomènes dont on devait chercher les causes occultes. La politique se subdivisait à son tour en deux grandes traditions, qui remontaient aux premiers siècles de l'église et de là aux *Politiques* d'Aristote et à la *République* de Platon. La première admettait la propriété, consacrait le régime féodal et le régularisait pour le soumettre à cette autre aristocratie presque féodale de l'église, dominée elle-même par la papauté. Les deux chefs-d'œuvre de cette politique furent le règne de Grégoire VII à l'intérieur, et l'expédition des Croisades à l'extérieur ; c'est ainsi qu'elle concevait l'organisation et la propagation du christianisme. L'autre tradition, dans les premiers siècles de l'église, avait condamné la propriété et combattu l'esprit de la famille; au moyen âge, elle fonde les ordres monastiques; pendant quelque temps, elle vit dans l'attente de la fin du monde; plus tard, l'abbé Joachim, sainte Brigitte et d'autres, renouvellent les idées des millénaires, pour attaquer les tyrannies de l'époque et pour annoncer le règne prochain du Christ sur la terre. — La scolastique présente, en même temps, les caractères du progrès et de la barbarie; elle est progressive, car elle explique le christianisme pour l'appliquer ensuite à la société; armée de la logique des anciens, elle rappelle les philosophies de la Grèce, obscurément, il est vrai, mais de manière à pouvoir les reproduire et les dépasser quand l'occasion s'en présentera. D'un autre côté, la dure nécessité de la barbarie pèse sur toutes les parties de la scolastique. Elle force la logique à chercher la certitude dans les formes extérieures du raisonnement : la jurisprudence de l'époque ne croit à la certitude du droit, par exemple, à la transmission de la propriété, que lorsqu'elle est entourée de ces fictions dramatiques qui rappellent une prise de possession à-main armée. De même, la logique ne croit au triomphe de la raison que lorsqu'il est contrôlé entièrement par la forme matérielle du syllogisme. La théologie, par une nécessité analogue, prend son point de départ dans la foi; elle agite ses questions dans une sphère soumise aux croyances : c'est pourquoi les disputes des réalistes et des nominalistes résument de près ou de loin tous les débats de la scolastique. N'osant pas aborder librement le champ de l'ontologie, elle se renferme dans le cercle de la logique. La physique, à son tour, est enveloppée dans la religion; elle trouve les miracles tellement multipliés au milieu des phénomènes de la nature, que, lorsqu'elle veut agir, on ne sait pas si elle veut opérer des prodiges ou faire des découvertes. Elle croit à l'existence d'Almamicus, d'Astiphius, qui ont vécu 500, 1025 ans, et par conséquent elle espère éterniser la vie de l'homme. Enfin la politique est forcée de rêver l'égalité des hommes par le miracle du règne de Jésus-Christ, ou d'accepter cette absurde inégalité qui sort de la guerre et de la conquête. Si le moyen âge avait duré, le règne de la scolastique aurait continué. Mais, au fond de la société féodale, il y avait les communes, qui avaient grandi dans l'obscurité, qui avaient provoqué le développement de la puissance monarchique, qui avaient rappelé une à une toutes ces lois de la jurisprudence romaine destinées à devenir les lois de l'égalité dans une civilisation qui proscrivait l'esclavage. Au fond de la scolastique, il y avait les principes de la raison, les idées de la philosophie grecque, obscurcies, mais admises; et, de déduction en déduction, après avoir coordonné le système théologico-féodal du moyen âge, elles devaient à la fin le dépasser. C'est de ce double travail des institutions et de la réflexion, de cette double lutte contre la barbarie sociale et philosophique, que sortirent les inventions, les découvertes, les grands événements qui se succèdent avec une rapidité inouïe dans les premières années de la renaissance. Imaginez-vous, messieurs, la navigation qui découvre et explore tout un nouveau monde en quelques années; l'artillerie qui change l'art de la guerre, la presse qui multiplie les livres, seconde, provoque la méditation des hommes de génie : ajoutez les littératures populaires, longtemps dédaignées, mais faisant triompher désormais les langues nationales; ajoutez cette émigration de littérateurs byzantins qui apportent en Italie la découverte d'un autre monde, celui de l'antiquité; enfin la réforme, d'abord étouffée à Constance, puis éclatant à Wittemberg et séparant quarante millions d'hommes de l'église catholique : ce sont là, messieurs, autant d'événements dont le moindre renferme tout une révolution. Et remarquez que les découvertes de la presse, ou de l'Amérique, ou des livres anciens, ne sont pas des hasards heureux; que c'est l'esprit humain qui les appelle, que l'Amérique, comme dit Schiller, devait jaillir des ondes, ne fût-ce que pour justifier la prévision du génie. Ainsi la révolution philosophique date de loin. Raymond Lulle, au quatorzième siècle, croit que l'on peut trouver un nouvel instrument logique plus utile que le syllogisme, et il invente les quatre figures de sa mnémonique, par lesquelles il domine du haut des catégories toutes les combinaisons possibles des idées. Voilà un nouvel *Organon*. D'un autre côté, Roger Bacon avait voulu construire des miroirs incendiaires de la force de plusieurs armées, des machines locomotives qui devaient faire disparaître les distances par leur rapidité; en un mot, il prévenait l'industrie moderne. Mais ce qui est plus, c'est qu'en comparant la puissance de l'art et de la nature (1), il comprend que l'art doit observer, imiter la nature s'il veut la dompter. C'est là déjà la méthode expérimentale. Plus tard les attaques contre l'ancienne logique sont directes. Nizolio devance les philosophes du dix-huitième siècle par ses orgueilleux dédains contre la logique d'Aristote. Ramus, non moins hostile et plus profond, descend dans les détails de la critique ; il place l'invention avant la déduction, et, par une nouvelle analyse, il soumet la théorie du syllogisme à des simplifications que l'on voit plus tard figurer dans les œuvres de Leibnitz. L'innovation de Campanella est encore plus déterminée ; pour lui, l'ancienne logique n'est pas un instrument, mais un obstacle ; il l'accuse de retarder les découvertes. Étudiez, dit-il, la nature et non pas les livres (Aristote), les choses et non pas les mots ; il faut observer, décrire, raisonner, et non pas croire, imiter, sophistiquer. Vers la fin du seizième siècle, la forme scolastique a disparu des ouvrages philosophiques ; quelques-uns sont écrits et publiés en langue vulgaire, et la réforme va s'accomplir sous la double influence du goût littéraire de la renaissance et des progrès de la logique des langues modernes. C'est ainsi que la méthode s'est transformée.

(1) *De potestate artis et naturæ.*

Quant à la philosophie proprement dite, dès le commencement du quinzième siècle, la discussion sort du cercle étroit du nominalisme et du réalisme, pour se porter librement sur tous les points de la théodicée et de la métaphysique. On débute par des essais de conciliation entre Platon, Aristote et le christianisme; mais bientôt c'est le mysticisme qui devient prédominant. Le cardinal de Cusa cherche à expliquer Dieu, la Trinité, la création, par les mathématiques: pour lui, Dieu est le maximum et le minimum, la grande unité centrale; mais il reconnaît que la science humaine ne peut être qu'une ignorance qui se connaît (*docta ignorantia*). Marsile Ficin reproduit les doctrines alexandrines pour prouver les dogmes du christianisme, l'immortalité de l'âme, les peines et les récompenses de l'autre vie: on croit que Platon s'est instruit aux sources de la philosophie juive; les néoplatoniciens modernes croient ainsi commenter le christianisme par le christianisme; mais en réalité, ils le transportent sur un nouveau terrain, celui de la raison. Pico della Mirandola, disciple de Ficin, cherche dans la Genèse l'histoire des quatre mondes, physique, céleste, intellectuel et humain: ici la raison entame le sens littéral de la Bible. Reuchlin, Zorzi, H. C. Agrippa ne complètent la philosophie que par la magie et la cabale; ce ne sont plus des croyants. Paracelse et Jacob Boehm fondent deux nouveaux systèmes, je dirais presque deux nouvelles religions : le premier attaque les sciences de son époque, les idées dominantes, parce qu'il veut aller au delà de la simple physique descriptive, parce qu'il veut sonder les principes intérieurs des choses; sa critique est très-utile, quoiqu'elle parte d'une prétention absurde. J. Bœhm est un sublime enthousiaste qui explique Dieu, la nature et la révélation, par la combinaison de sept principes spirituels ayant des propriétés matérielles. Rien de plus faux que son système; mais aussitôt que l'on accorde quelques-unes de ses prémisses, on est entraîné, fasciné; il semble que la terre n'est plus la terre, que la sagesse humaine est une folie, que le monde est peuplé d'esprits, composé de substances vivantes, et l'on croit vivre dans une partie du ciel, car *le ciel est partout*, comme dit Bœhm, et il paraîtra partout quand les légions infernales qui nous dévorent, qui nous embrasent, qui corrompent notre nature divine, qui altèrent ce *salitter*, essence et principe de toute chose, auront été vaincues par ces légions célestes qui ont combattu pendant et après la chute de Lucifer, pour sauver la création.

L'école expérimentale nous offre Pomponat; c'est un disciple d'Aristote, mais un disciple qui vient dix-huit siècles après le maître; il reproduit une science ancienne, mais telle qu'elle devait se reproduire après le christianisme. Le Dieu d'Aristote était relégué hors de l'Univers ; sa matière était une possibilité qui se glissait à travers toutes les formes de la nature, les animant, les détruisant au hasard. Pomponat se servit de l'astrologie pour soumettre à une loi fatale et irrésistible tous les travaux des sociétés et de la nature ; il sut enchaîner à une même fatalité l'homme et le monde, l'histoire des civilisations et l'histoire de l'univers. C'est ainsi qu'il put lutter contre les esprits, les démons, la magie, les forces occultes, qui étaient sorties du moyen âge ; qu'il sépara, pour les opposer l'une à l'autre, la philosophie et la religion ; et qu'il opposa une formidable antithèse aux mystiques de la renaissance. Ses hypothèses sont souvent bizarres, et son expérience est fausse ; mais avec moins d'erreurs il aurait eu moins d'adeptes, et il aurait moins influé sur son époque. Son école est nombreuse. Telesio est l'inventeur d'une nouvelle physique : suivant lui, il n'y a que le froid et la chaleur ; c'est de leur combat éternel que sortent tous les êtres de la nature, y compris le genre humain. Cette théorie a peu de valeur en elle-même, mais elle a servi à ruiner celle d'Aristote. Campanella transporte le matérialisme de Telesio dans la psychologie : il dit que se souvenir, imaginer, juger, ne sont que des actes qui reviennent à la sensation : en même temps, il cherche la vie divine qui anime la nature, et il dit que le monde est la statue vivante de Dieu ; quelques-unes de ses idées préludent à la *Théodicée* de Leibnitz. Ainsi le système de Campanella est double, même contradictoire, mais sa portée est immense, puisqu'il embrasse le matérialisme de Condillac et le rationalisme de Leibnitz. Le panthéisme de la renaissance ne sait pas se dégager des idées mystiques; ainsi, Patrizzi se perd dans les traditions des religions orientales; mais, à la fin, Giordano Bruno arrive, et il sonde le mystère de l'idée de substance dans toute sa profondeur. Profitant du grand art de Raymond Lulle, il suit la double évolution de la pensée et des phénomènes de la nature; évolution qui part de Dieu pour retourner à Dieu par une loi géométrique et progressive. Ce n'est pas la rigueur qu'il faut demander à Bruno, c'est la synthèse de toutes les idées nouvelles, le résumé progressif de toutes les idées anciennes, la force révolutionnaire du seizième siècle, la verve dans l'attaque, l'inspiration dans la production, la grandeur dans les conceptions, la profondeur dans les aperçus, la puissance même dans l'erreur, et c'est là ce que présentent ses poésies philosophiques, ses mnémoniques, ses dialogues qu'il écrit à Genève, en Allemagne, en France, en Angleterre, en Italie, partout où l'entraîne l'ardeur de la propagande, où le poursuivent les persécutions des scolastiques, des protestants, des catholiques. A côté de Bruno, de Telèse, de Campanella on rencontre les sceptiques, Montaigne, Charron et d'autres; on trouve une foule de théories originales, ou imitées, le stoïcisme de Juste Lipse et de Scioppius, le péripatétisme dans sa double tradition, variant de mille manières depuis les commentaires des philosophes protestants jusqu'à ceux de Césalpin et de Crémonini. Enfin, comme la renaissance ne tient pas entre deux dates précises, comme le pays qui l'a produite, l'Italie, n'a pas immédiatement subi l'influence de Descartes; la renaissance produit à la fin du dix-septième siècle son dernier philosophe, Vico, qui se charge de fondre ensemble la philologie et la philosophie. C'est de ce projet gigantesque, conçu à l'instant même où le cartésianisme méprisait l'érudition, condamnait la philologie, que sortirent la science nouvelle, la théorie du *cercle similaire* ou la première ébauche d'une philosophie de l'histoire. Ces essais si variés et si multipliés, cette foule d'idées nouvelles, ne pouvaient apparaître sans entraîner une vive polémique contre la théologie et la philosophie des scolastiques; elles ont été attaquées et détruites par les erreurs mêmes de la renaissance.

Dans la politique, l'innovation fut si rapide qu'elle prévint la discussion : cependant voyez Machiavel. Comme Aristote, il prête ses armes à tous les gouvernements, à tous les partis; mais il ne s'arrête réellement qu'à la tyrannie et à la démocratie, les deux ennemis de la féodalité, et encore c'est la tyrannie qui triomphe dans sa pensée, car elle seule peut hâter l'œuvre des centralisations nationales. On sait quelle était la politique de Bodin, celle du tiers-état; on sait quelles sont les forces du tiers-état, l'industrie et le commerce, et l'Italie produit déjà des économistes, comme Serra, qui font consister la richesse des nations dans le travail et dans le commerce. A cette époque, l'étude de la jurisprudence romaine continue à se développer: c'était là une véritable opposition contre le droit féodal; c'est pourquoi les jurisconsultes italiens étaient, comme le dit Leibnitz, *optimi legum latores etiam cum mali interpretes*. Mais si la politique, si la jurisprudence se transforment, la révolution est encore plus profonde dans les théories sociales. Les premiers réformateurs de la méthode ne se proposaient pas seulement un but scientifique, ils pensaient à un nouvel avenir: les uns, comme Lulle, rêvaient cet avenir dans le christianisme, répandu sur toute la surface de la terre par une logique nouvelle; les autres, dans un nouveau triomphe sur la nature obtenu par la physique; presque tous aspiraient à donner une nouvelle direction à la société. C'est pourquoi l'utopie de Platon et des millénaires se reproduit cette fois sur une échelle bien plus vaste. Gémiste annonce une nouvelle religion qui doit remplacer celle de Jésus-Christ et de Mahomet. G. Postel rapporte de ses voyages d'Orient l'idée d'une seconde incarnation de l'âme du monde, qui doit faire disparaître tous les vices et tous les crimes. Campanella écrit, dans les prisons de Naples, sa *Cité du soleil*, où il attaque en même temps la propriété, l'aristocratie, la royauté, les accuse d'avoir divisé le genre humain en nations, et veut le réunir sous la domination des capacités par la force d'une nouvelle civilisation. Avant lui, Th. Morus avait tracé le plan d'une nouvelle société; quelques années plus tard, les frères de la Rose-Croix travaillent au grand-œuvre de la régénération des hommes, et, en même temps, J. Bœhm publie son *Aurore naissante*, nouveau christianisme qui se propage jusqu'à la révolution française. Au milieu de leur variété, ces utopies ont cela de commun, que, toutes, elles prennent pour point de départ un des grands événements de la société moderne. Postel se fonde sur la découverte de l'Amérique, Bœhm sur la révolution de Luther, Paracelse sur les espérances de la physique, Campanella sur la coïncidence providentielle de toutes les inventions du quinzième et du seizième siècle. — Nous ne parlerons pas du changement qu'a subi la physique, de l'heureuse métamorphose des sciences occultes; il nous suffira de dire que chaque jour apportait un nouveau démenti à la physique d'Aristote, que l'honneur de l'attaque appartient à Telesio, celui du triomphe à Galilée, à Copernic, à l'Académie *del Cimento*.

En un mot, messieurs, toute nouvelle philosophie doit d'abord attaquer celle qui précède; c'est là le plus grand moyen pour parvenir; puis elle doit résumer le passé, dans ce qu'il y a de bon et de vrai, c'est le seul moyen pour le rendre inutile; enfin elle doit présenter de nouvelles idées, c'est le seul moyen pour attaquer avec succès et résumer avec progrès. Les philosophes de la renaissance ont hardiment attaqué les scolatiques, rien de plus évident. L'originalité de leurs idées est incontestable. Un fait suffit pour démontrer qu'ils ont résumé la philosophie antécédente, c'est que la renaissance semble une mise en scène de l'antiquité, c'est que tous les anciens systèmes s'y trouvent officiellement représentés, c'est que l'étude, l'imitation, l'érudition sont si prédominantes au seizième siècle, que parfois on a de la peine à reconnaître la vie nouvelle qui circule à travers ces formes antiques. Machiavel commente Tite-Live, Ficin traduit Platon, le stoïcisme, le pyrrhonisme, le péripatétisme, toutes les écoles sont rappelées, aucune idée ancienne n'est exclue des polémiques du seizième siècle, il semble qu'elles embrassent tout le passé du genre humain.

Nous venons de comparer les philosophes de la renaissance avec les scolastiques : maintenant nous devons les rapprocher des philosophes postérieurs. Ici nous rencontrons une opinion qui demande à être expliquée, nous voulons parler de celle qui fait commencer la philosophie moderne à l'instant où paraissent les méthodes de Bacon et de Descartes. Nul doute que ces méthodes n'aient depuis dirigé la philosophie, qu'elles n'aient fixé la direction de ses recherches ; nous en connaissons toute l'importance, et nous avouons que Bacon et Descartes en sont les inventeurs ; mais c'est précisément pour cela qu'il est douteux qu'ils aient commencé la philosophie moderne. Qu'est-ce, en effet, qu'une méthode? c'est une règle qui nous dirige dans la recherche de la vérité ; c'est un guide : elle suppose donc la connaissance du point de départ, du point d'arrivée, elle connaît la route que l'on doit parcourir, les limites où l'on doit s'arrêter; il y a plus, elle connaît l'esprit humain, car il faut bien le connaître pour le diriger. Vous voyez donc, messieurs, que la méthode suppose la plus grande partie de la métaphysique et la psycologie; vous voyez que la méthode suppose la philosophie, qu'elle fait semblant d'inventer. Bacon a dit que les méthodes sont des philosophies en puissance; rien de plus vrai : mais, dans ce cas, Bacon et Descartes, créant la philosophie modenne et débutant par la méthode, auraient été de véritables révélateurs. Or, si nous venons au fait, quelle est la nouvelle idée produite par les deux méthodes? Ont-elles aboli le syllogisme? Non : la théorie des *Analytiques* est mieux appréciée au seizième siècle qu'au dix-huitième. Ont-elles détruit l'autorité d'Aristote? Elle avait été rejetée avec indignation par une foule de penseurs de la renaissance. Ont-elles séparé la religion de la philosophie? C'est là ce qu'avait fait Pomponat: Bruno et Vanini avaient été les martyrs de cette innovation. Que si l'on parle des systèmes qui viennent après Descartes, ne sont-ils pas des travaux de coordination faits sur les théories antérieures? Comparez Locke avec Campanella, Leibnitz et Spinoza avec Giordano Bruno, Saint-Martin avec Bœhm, vous verrez le même fond d'idées, non pas ce fond qui est inhérent à la nature humaine, qu'on retrouve dans toutes les philosophies, mais celui qui caractérise l'invention métaphysique d'une époque, celui par lequel la philosophie rattache les solutions d'un problème éternel à la civilisation d'une période donnée. Nous ne revendiquons pas droits de la renaissance pour nier le progrès, mais pour l'expliquer; loin de ternir la gloire de Bacon et de Descartes, nous ne voulons que la comprendre. Savez-vous, messieurs, pourquoi ces deux méthodes renferment en puissance toute la philosophie moderne? Parce qu'elles la connaissent, parce que Bacon et Descartes peuvent la deviner dans sa totalité, en exerçant leur critique sur le travail de la renaissance; parce que leurs méthodes ont refait d'un seul coup ce qu'on avait fait en deux siècles.

Ils ont résumé en même temps la renaissance, la scolastique, l'antiquité; et qu'appelle-t-on résumer, si ce n'est rapprocher les principes des conséquences que l'esprit humain en a déduites dans le cours des siècles; dégager cette déduction de toutes les incohérences individuelles des philosophes, transmettre par quelques formules générales l'expérience de plusieurs générations? La renaissance avait encore plus reproduit que résumé. Bacon et Descartes seuls ont tout résumé : et leurs généralités sont si puissantes, si simples, si vastes, si rigoureuses, qu'elles contiennent les philosophies antécédentes, moins leurs erreurs, qu'on pourrait perdre jusqu'au souvenir de ces philosophies sans en perdre le résultat. Aussi voyons-nous à cette époque que l'érudition et la philologie sont méprisées, que les philosophes croient ne plus relever que de leur génie individuel, et que cependant la science avance, car le fil de la tradition est caché dans les deux méthodes. Pourquoi a-t-on rapporté à Descartes le mérite d'avoir séparé la philosophie de la religion? Parce qu'auparavant cette distinction n'était établie que dans les questions particulières de la science, parce qu'auparavant elle était souvent faussée par l'inconséquence des philosophes; et ils l'ont généralisée en la fondant sur le principe même de la philosophie, l'observation intérieure ou extérieure. Par là, vous voyez Mallebranche et Berkeley, deux fervents chrétiens, arriver librement à l'idéalisme; car toutes les questions philosophiques sont émancipées. Par là vous voyez écartées à jamais toutes les erreurs barbares qui égarent au quinzième siècle les meilleurs esprits. Par exemple, Colomb, en explorant les côtes du Nouveau-Monde, cherchait un passage vers le Paradis terrestre; ses inductions de navigateur se perdaient dans une chimère ancienne : de même, parmi les philosophes de cette époque, quelques-uns croient à la magie, les esprits forts croient à l'astrologie : Cardano tire l'horoscope de Jésus-Christ; Campanella se croit thaumaturge, et il faut trente ans de prison pour le détromper; G. Postel se croit une incarnation de l'âme du monde; Paracelse attend l'arrivée du prophète Élie : partout on trouve l'observation mêlée à la superstition, le génie à la folie; ce n'est qu'après les généralisations des deux méthodes de Bacon et de Descartes, que les erreurs passent et que la vérité reste seule. Maintenant, messieurs, si vous passez des relations entre les croyances et la science à l'examen des doctrines philosophiques, là encore vous retrouvez la main des deux maîtres, là encore ils nous guident, parce qu'ils ont relevé ce qui égarait, ce qui avançait la philosophie de la renaissance; et c'est grâce à eux seulement que les doctrines de la renaissance deviennent des systèmes. Le sensualisme avait déjà dit, par la voix de Campanella, que la sensation et l'observation sont le principe et l'instrument de la science : après Bacon, plus conséquent, il se dégage de la *Théodicée* de Platon que l'observation ne peut pas atteindre ; il s'allie, au contraire, aux sciences physiques. Alors la psychologie devient une branche de la physiologie, et la métaphysique de Condillac finit par faire rentrer la personnalité du *moi* et le *non-moi* dans la seule chose qui soit physiquement observable, la sensation. On s'égare, mais on connaît toute la portée du sensualisme. Le rationalisme, après Descartes, se présente armé de démonstrations mathématiques ; quand il se pose au point de vue du *moi*, il reconnaît franchement qu'il ne peut pas démontrer d'une manière nécessaire ce qui est contingent, que la raison ne peut pas sortir d'elle même pour vérifier les sensations, les idées ; alors on arrive à l'idéalisme. Au point de vue du *non-moi*, le rationalisme pose l'idée de substance, la trouve au fond de la pensée et de l'étendue, des idées et des choses, et il retombe dans le panthéisme de Giordano Bruno ; mais Spinoza et Leibnitz le développent avec une rigueur que le philosophe napolitain n'avait jamais connue. Le mysticisme lui-même subit le joug de la méthode. Il est vrai qu'il rejette l'observation ou qu'il la fausse, qu'il ne veut pas de cette science mondaine qui n'effleure aucun mystère, qui croit savoir quand elle a classifié, qui ne sait dire le pourquoi d'aucun phénomène, d'aucune existence: mais Swedenbourg atteste l'existence de Leibnitz, et Saint-Martin, en traduisant le cordonnier de Salitzbourg, nous dit que, au seizième siècle, on pouvait se borner à peindre, à croire, mais qu'à présent il faut prouver, démontrer. Le travail progressif de critique et de simplification conduit le scepticisme dans une voie toute nouvelle. Il ne se fonde plus seulement sur la variété des opinions humaines, comme du temps de Montaigne et de Charron; non, il est instruit par les trois impossibilités où aboutissent l'idéalisme, le panthéisme et le sensualisme: il sait que l'un supprime le *non-moi*, que l'autre supprime le *moi*, que le sensualisme nie les deux termes à la fois. Que fait Kant alors? au lieu de combattre les systèmes par les systèmes, comme Montaigne ou comme Pyrrhon, il cherche dans les lois mêmes de la raison humaine la cause de toutes les contradictions, et il arrive à les résumer toutes dans l'antinomie de deux notions qui s'excluent mutuellement, celles du fini et de l'infini. Voilà la loi qui prédit *a priori* la ruine de tous les systèmes ontologiques passés et à venir; voilà l'éternelle négation de cette affirmation éternelle dans laquelle Aristote faisait consister la science. Vous le voyez, messieurs, la simplicité, la rigueur, la logique des systèmes, après Descartes, la nouvelle grandeur de l'idéalisme sont dues aux deux méthodes: et si vous voulez examiner l'œuvre sociale des philosophes du dix-septième et du dix-huitième siècle, vous verrez qu'avec moins d'invention, avec moins de hardiesse ils dépassent mille fois les philosophes qui les devancent. Les libres penseurs du seizième siècle, Pomponat, Cardano, Vanini, sont des hommes superstitieux vis-à-vis de Bayle ou du baron d'Holbach; la science de Machiavel et de Bodin est dédoublée par Montesquieu; Adam Smith fait oublier les anciens économistes italiens. Les utopies du seizième siècle étaient tellement remplies d'erreurs qu'elles pouvaient être pardonnées par le pouvoir; au dix-huitième siècle, quelques mots de Rousseau, quelques plaisanteries de Voltaire produisent plus d'effet que toutes les idées de Gémiste, de Postel, de Campanella, de Paraçelse et des frères de la Rose-Croix. Enfin, vous arrivez à la révolution française, et si vous remontez par la pensée aux idées qui l'ont provoquée, vous remontez à Montesquieu, à Smith, à Rousseau, aux encyclopédistes, et toujours par mille voies différentes vous rencontrez la méthode de Bacon. Nous relevons tous de Bacon et de Descartes; mais encore une fois, ils relèvent à leur tour de la renaissance; ils l'ignorent, il est vrai; ils ne la connaissent pas en érudits, mais ils sont animés de la vie du seizième siècle. En général, il en est de la philosophie comme de la société: au seizième siècle on invente, au dix-septième on régularise; au seizième siècle on découvre, au dix-septième on simplifie, on perfectionne, de sorte que plus tard ce qui était auparavant un effort isolé du génie devient l'habitude de tout le monde. Quand le cap des Tempêtes est franchi, tous les navigateurs peuvent appareiller pour Calcutta; quand Luther est venu, le rôle de Jurieu est plus facile; après la renaissance philosophique perfectionnée par Bacon et par Descartes, les anciennes aberrations deviennent impossibles, et, quoi qu'on en dise, le moyen âge est jugé en dernier ressort : les modernes ont triomphé du génie des anciens.

La double comparaison que nous venons d'esquisser vous montre donc, messieurs, le rôle de la philosophie à cette mémorable époque, et il vous sera maintenant facile d'en résumer les caractères. Vous y trouverez d'abord l'imitation de l'antiquité prédominant dans les sciences aussi bien que dans les arts. C'est là ce qui a fait dire aux historiens que la renaissance commence à la prise de Constantinople, à l'instant où les savants de Byzance nous apportent les livres classiques, comme si une vieille bibliothèque pouvait enfanter les arts, la science, le mouvement de la renaissance. Mais, sous ce caractère extérieur de l'imitation, vous distinguez la variété, la multiplicité des écoles qui vous révèlent la vie intérieure de l'époque; les imitateurs se ressemblent, et, au contraire, nous ne voyons que différences et opposition dans les philosophes du seizième siècle. Un troisième caractère, plus remarquable encore, c'est l'esprit d'innovation qui apparaît dans les méthodes, dans les théories, dans la lutte contre la scolastique, et, plus que partout ailleurs, dans le but social que poursuivent les philosophes de l'époque. Mais comme les idées anciennes ne peuvent pas disparaître en un jour, la renaissance doit nous offrir aussi le désordre, l'anarchie d'une époque révolutionnaire, un singulier mélange de crédulité et d'incrédulité, de bizarrerie et de profondeur; incohérence qui se reproduit au sein même de chaque système, car les nouveaux principes sont encore aux prises avec toutes sortes d'idées hétérogènes, et il faut bien que les philosophes s'arrêtent, faute de pouvoir mieux, à un syncrétisme provisoire. La prépondérance de l'école mystique et le peu de développement de l'école sceptique est aussi une particularité de la renaissance : il est clair que, pour dépasser la théodicée chrétienne, il fallait l'agrandir, absoudre les religions orientales, reprendre l'immense travail de l'école d'Alexandrie. C'était là la tâche la plus pressante, la plus importante que devait accomplir toute philosophie venant après la scolastique : de là les mystiques de la renaissance. N'oublions pas de signaler en dernier lieu le progrès continuel de la physique, et l'impuissance où se trouve encore la philosophie d'en profiter comme elle le devrait.

Vanini, le plus grand incrédule de ce siècle, croyait à tous les miracles de Mahomet et d'Apollonius de Tyane : son incrédulité consistait à dire que Mahomet ne faisait que les prévoir, qu'ils étaient l'effet de l'influence des constellations. Par ce seul fait, vous mesurez, messieurs, la lenteur des progrès de la raison, la multitude des préjugés qui occupaient toutes les issues de la science, les longues luttes qu'il a fallu renouveler contre la scolastique, la nécessité où l'on était de multiplier les attaques, d'essayer la portée de tous les principes, de se livrer à toutes les inspirations, de tenter toutes les ressources pour arriver à la vérité après avoir épuisé toutes les erreurs possibles. C'est là l'œuvre multiple accomplie pendant la renaissance ; ce n'est qu'après ces longues luttes que Bacon a pu indiquer tous les *fantômes* du moyen âge ; ce n'est qu'après ces rudes expériences que Descartes a pu indiquer le champ de la véritable expérience philosophique.

Je finirai, messieurs, par quelques considérations sur l'histoire de la philosophie. Tout récemment elle est devenue une science, on lui a même demandé la solution des problèmes philosophiques ; et désormais, en abordant une époque de cette histoire, on est tenu d'avoir une foi et de la professer en quelque sorte. Pour nous, deux raisons particulières nous rendent ce devoir indispensable : d'abord la renaissance contient tous les principes d'une révolution que l'érudition seule ne peut comprendre; ensuite notre cours doit avoir un but, et soit pour indiquer ce but, soit pour exposer le mouvement philosophique de la renaissance, il faut que nous nous élevions aux principes de l'histoire de la philosophie. — De quelle manière doit-on étudier l'histoire de la philosophie? — Quelle utilité peut-elle présenter pour la science elle-même? — Voilà les deux questions auxquelles nous essaierons de répondre.

L'histoire nous présente tour à tour les caractères d'une irrésistible et abstraite nécessité et ceux d'une inexplicable confusion. Considérez-vous les idées : dans la région des idées tout est nécessaire; la succession de nos pensées, de nos raisonnements ne saurait être intervertie, la marche de l'esprit humain est prédéterminée par les lois qui le dirigent. A ce point de vue, on peut concevoir une histoire de l'humanité qui ne serait qu'une continuation de la psychologie; car, enfin, c'est bien l'esprit humain qui fait et qui défait les civilisations. Nos sentiments, nos passions n'offrent plus la même rigueur que les idées; il est difficile de les sonder dans toute leur profondeur; mais, enfin, les lois de l'activité humaine sont déterminées, et on peut en calculer les résultats.

Considérez-vous au contraire les événements extérieurs : là, tout est accidentel; les hasards de la nature extérieure peuvent interrompre, ajourner le travail de l'esprit; un désastre peut accélérer la chute d'une nation; la mort d'un grand homme peut retarder l'application d'un principe; un cataclysme peut anéantir l'espèce humaine. Sans doute il n'y a pas de hasard, à parler absolument; tout est nécessaire et prédéterminé dans l'ordre de la nature physique; mais la rencontre, la juxtaposition des deux mondes intellectuel et physique est pour nous un mystère; nous n'en connaissons pas les lois: aspirer à les savoir, ce serait aspirer à tout savoir, à fonder une religion. Il n'y a que Dieu qui connaisse les causes par lesquelles tel poignard est venu entre les mains de Brutus pour accomplir l'assassinat de César. Or, si on veut faire une science de l'histoire (et de l'histoire de la philosophie qui en est une branche), il est clair qu'il faudra se réfugier dans le monde des idées, qu'il faudra suivre le travail de l'esprit et non pas les hasards de la nature, et laisser à l'historien proprement dit le soin d'indiquer les noms, les dates, les lieux, les transactions successives, exceptionnelles, par lesquelles les idées se réalisent dans le monde, la forme extérieure qu'elles prennent en faisant leur apparition. L'histoire scientifique doit être idéale, c'est-à-dire qu'elle doit faire abstraction des temps, des lieux et des hommes, ou plutôt elle doit avoir une chronologie, une géographie et une anthropologie idéales.

Dans un ordre supérieur, elle doit être comme l'histoire naturelle, qui vous dira les lois, les conditions abstraites de la naissance et du développement de tel ou tel arbre, sans s'engager à vous dire l'heure où il commence et où il finit d'exister. Que si vous voulez entraîner la géographie, la chronique et la biographie dans les grandes généralités de la philosophie de l'histoire, vous rendrez solidaires de l'avénement de Descartes son père et le père de son père; vous associerez le soleil, les nuages, l'état de l'atmosphère au succès d'une grande bataille; vous produirez des conceptions gigantesques, mais la science se perdra dans une œuvre impossible.

Pour revenir à la philosophie de la renaissance, dès que nous connaissons les principes de la scolastique qu'elle détruit, et les nouveaux principes qu'elle pose, nous en connaissons le point de départ, la direction; nous savons la révolution inévitable qu'elle opère, le rôle qu'elle joue dens l'histoire de de la philosophie, la place qu'elle occupe dans l'histoire de l'humanité. Une seule lumière en éclaire ainsi toutes les luttes et tous les systèmes. Si nous voulons, au contraire, rendre compte du nombre des philosophes de la renaissance, de l'instant où ils se présentent, de la forme particulière de leur système, alors nous tentons l'impossible, car alors nous associons l'histoire des choses à l'histoire des idées. Il n'y a que deux choses réellement nécessaires dans l'histoire : les principes et les conséquences ; entre les uns et les autres, l'histoire peut présenter un millier de systèmes, d'exceptions, de transactions individuelles ; elle peut s'écouler rapidement ou lentement ; elle peut arriver de suite aux conséquences ou s'arrêter sur toutes les idées intermédiaires en présentant une longue suite de transitions. Il faut donc en conclure que, comme la science de l'histoire correspond à l'histoire positive, l'*histoire universelle*, de même la science de l'histoire de la philosophie, de la succession abstraites des idées et des principes, correspond à l'histoire de la philosophie. Aucune époque ne réclame cette distinction autant que la renaissance ; aucune époque ne forcera plus impérieusement l'historien à pénétrer dans les détails exceptionnels, à se méfier de toutes les généralités de l'histoire idéale de la philosophie, ou plutôt aucune époque n'exigera plus de travail positif pour qu'on puisse en expliquer les productions, les luttes, les erreurs. Après Descartes, les méthodes figurent à la tête de tous les systèmes, tous les philosophes sont préoccupés de la méthode ; et on peut soumettre toutes leurs idées à des classifications nettes, exactes, rigoureuses ; elles sortent d'un travail logique, direct, dans lequel le résultat dépasse rarement la prévision fixée au point de départ. Avant la méthode, il faut se résigner à faire route avec chaque philosophe, à suivre son itinéraire; il faut accepter, nommer un à un tous les hasards qui se présentent dans le développement des divers systèmes.

La seconde question que nous nous étions proposée était de connaître l'utilité de l'histoire de la philosophie. D'abord il est évident que, si nous étions en possession d'une philosophie complète, définitive, n'ayant plus de problèmes à résoudre, l'histoire de la science serait d'une faible utilité pour la constitution de la science. Il est également certain que toute philosophie nouvelle devant sortir d'un principe nouveau ou d'une déduction nouvelle ne pourra jamais être prise dans l'histoire. D'ailleurs, il faut une philosophie complète pour écrire une histoire complète, car on est toujours dans la nécessité de faire aboutir à un système toute l'histoire des systèmes philosophiques. Si vous acceptez les idées de Condillac, vous condamnerez le moyen âge, l'antiquité; pour vous, la civilisation commencera au seizième siècle. Admettez-vous, au contraire les idées de Bonald, vous proscrirez les trois siècles de l'histoire moderne pour ne sympathiser qu'avec le moyen âge, l'Inde ou l'Égypte. Quelle sera donc la philosophie qui dirigera notre histoire? Celle qui laisse le moins de mystères dans le monde intellectuel, sans renoncer à atteindre le but pratique de l'humanité. En d'autres termes, sans trouver le rapport entre le fini et l'infini, sans épuiser l'infini, il est impossible à l'esprit humain d'arriver à la vérité absolue : mais jusqu'à présent ces deux termes ne sont nullement conciliés; l'infini n'est nullement épuisé; la connaissance humaine n'a nullement identifié l'objet, le sujet. Jusqu'à présent les systèmes ontologiques sont tombés en ruine aussitôt que la logique a dévoilé le vice par lequel ils masquaient la grande difficulté.

Quel parti prendre? celui qu'a suivi d'abord instinctivement la philosophie écossaise, et que Kant a ensuite scientifiquement arrêté : se renfermer dans sa psychologie; reconnaître que la raison ne peut pas sortir d'elle-même pour se contrôler; attendre, comme l'a si bien conseillé M. Jouffroy. En attendant, rien ne nous empêche, ou plutôt tout nous commande de laisser au monde physique sa certitude physique, à la vie pratique sa certitude pratique. Si la raison humaine aspire à l'absolu, si le cœur de l'homme aspire à l'infini, constatons ce fait, d'où sortent tous les progrès qui nous conduisent à accomplir notre destinée; mais constatons en même temps cette *différentielle*, que les philosophes, les politiques, les socialistes, ne peuvent faire disparaître de l'état actuel de l'humanité. Oui, il y a le mal dans la philosophie comme dans la morale, comme dans la physique; il y a un fini indispensable dans la métaphysique, comme il y a la douleur et le crime dans les deux mondes de la nature et des nations. L'éternité est devant nous pour épuiser l'infini, mais, pour le moment actuel, ce qu'il y a de positif, c'est que l'ontologie a produit la psychologie; c'est que toute la philosophie, depuis Descartes, aboutit à la psychologie, comme toute la philosophie, avant Descartes, conduit à la méthode. Si, au lieu d'exposer dogmatiquement les principes de la psychologie et de la méthode, on remonte par l'histoire aux systèmes antécédents qu'elles résument, on pourra connaître toute leur importance, en mesurer la profondeur, voir ce qu'elles renferment, voir la longue expérience qui les a produites. Tel sera, messieurs, le but de nos études, telle sera pour nous l'utilité de l'histoire de la philosophie.

Qu'il me soit maintenant permis de vous exprimer, avant de finir, les sentiments qui me préoccupent depuis le commencement de cette leçon. Naguère vous suiviez le haut enseignement de l'illustre titulaire de cette chaire : il savait porter de profondes convictions dans votre esprit; il savait vous persuader avec l'éloquence impérieuse de la logique. Appelé à suppléer M. Bautain, je me suis moins confié en moi qu'en vous-mêmes pour le succès de cette œuvre difficile, et je me suis proposé d'offrir à vos méditations l'expérience philosophique d'une des époques les plus brillantes de l'esprit humain. Dans cette recherche, en effet, nous apprendrons tous à nous mieux connaître, c'est-à-dire à connaître ce passé qui est en nous, qui est caché, effacé, résumé, dans notre logique habituelle: et en même temps nous assisterons à une révolution intellectuelle digne, j'ose le dire, de la grandeur des événements politiques contemporains. Depuis ce temps, sans doute, l'Europe a parcouru une bien longue carrière; mais si nous comparons nos merveilles récentes au siècle où l'on découvre des mondes, où paraissent des hommes comme Luther, où les poëtes sont Shakspeare, le Tasse, l'Arioste, Caldéron, où Machiavel écrit le *Prince*, tandis qu'il y a des administrateurs comme ce Las Cases qui réalise le projet de sauver les habitants d'un continent en y transportant ceux d'une autre partie de la terre, vous verrez que la philosophie de nos jours peut s'éclairer au spectacle des héroïques travaux de la renaissance.

FIN.

www.ingramcontent.com/pod-product-compliance
Lightning Source LLC
Chambersburg PA
CBHW060604100426
42744CB00008B/1307
* 9 7 8 2 0 1 2 7 9 8 2 3 6 *